OWN

岁 月 磨 砺 让 我 们 清 醒

谨以此书献给为中国改革做出贡献的人们

改革之路

我们的四十年

THE ROAD OF REFORM

1978－2018

王小鲁 著

社会科学文献出版社

SOCIAL SCIENCES ACADEMIC PRESS (CHINA)

目 录

序　言

　　中国在 1978 年走上了改革之路，从旧的计划经济体制逐步转向市场经济体制，到 2018 年已经走过了 40 年。在这 40 年间，经济保持了年均 9.6% 的高速增长，居民人均收入年增长达到 7.4%。相比之下，改革前实行全面计划经济的 20 年[1]，经济虽然达到了年均 5.1% 的中速增长，但居民收入年增长率只有 1.7%（均按不变价格计算），人民生活改善十分缓慢。改革前的 1977 年，中国人均 GDP 只有 185 美元（人民币 341 元，按当时的官方汇率 1.84 元折合为美元），改革 40 年间跃升到人均 8836 美元，从世界上特别穷

1　即 1958 年到 1977 年这 20 年。在 1953~1957 年的"第一个五年计划"时期，由政府主导的国营经济迅速扩大，但市场经济仍然存在，经济仍在一定程度上是由市场调节的。

困的低收入国家变为中等收入国家。以不变价格人民币计算，这期间人均 GDP 增长了 25 倍。[1]

1977 年，中国 GDP 总量按当时官方汇率折合 1750 亿美元，仅相当于美国的 8%；2017 年中国 GDP 总量折合 12.3 万亿美元，已相当于美国的 63%。按 GDP 总量计算的中国经济规模，在这 40 年间连续超过瑞士、荷兰、澳大利亚、墨西哥、西班牙、加拿大、俄罗斯、巴西、英国、意大利、法国、德国、日本，成为世界第二大经济体。

表 1 给出了改革 40 年和之前实行全面计划经济的 20 年这两个时期经济成就的比较。

表 1　改革 40 年与计划经济 20 年期间的经济业绩比较

年份	1958~1977	1978~2017
GDP 年增长率（%）	5.1	9.6
居民人均收入年增长率（%）	1.7	7.4
年份	1977	2017
GDP 总量（亿元人民币）	3221	827122
GDP 总量（折合亿美元）	1750	122504

1　据国家统计局人均 GDP 指数计算。而按不变价格美元计算则增长了 16 倍（以 2009 年不变价格美元计，1977 年人均 GDP 折算为 458 美元，2017 年为 7795 美元），但当时的人民币官方汇率（1.84 元折合 1 美元）是被严重高估的。因此在改革开放早期汇率就调整到 2.94 元换 1 美元（1985 年），同时还实行了 4.65 元的内部折算价。如果粗略按 1977 年汇率高估一倍计算，以不变价格美元计价的人均 GDP 增长了 33 倍，高于按不变价格人民币计算的人均 GDP 增幅。数据根据国家统计局网站和历年《中国统计年鉴》、《新中国五十年统计资料汇编》（1999 年）、《新中国六十年统计资料汇编》（2010 年）的数据计算得到。上述出版物均由中国统计出版社出版。

年份	1977	2017
人均GDP（人民币元）	341	59660
人均GDP（折合美元）	185	8836
外贸依存度（%）	8	33
城镇化率（%）	18	59
农村贫困人口比重（%）	98（1978年）	5
民营经济占工业比重（%）	0	79

　　资料来源：据国家统计局网站数据和历年《中国统计年鉴》、《新中国五十年统计资料汇编》（1999年）、《新中国六十年统计资料汇编：1949~2008》（2010年）数据计算。上世纪50年代居民收入统计数据不全，居民收入增长率根据职工人均工资、城乡居民消费数据和商品零售价格指数推算补充。

　　这40年间中国最大的变化，是从中央集权的、低效率的计划经济体制，通过一步步的改革转向了市场经济的轨道。40年前的计划经济时期，几乎所有经济决策都听命于政府，企业生产、产品价格、居民收入和消费都由政府决定；企业效率很低，浪费严重，技术进步缓慢，物资严重匮乏，居民生活贫困。改革40年间，不仅经济高速增长，居民生活显著改善，而且经济效率有了重大提高。全要素生产率在大多数年份都有进步，平均每年对经济增长率的贡献超过2个百分点。这些成就，就是在向市场经济转轨的过程中取得的。

　　改革前，农村居民绝大多数生活在贫困状态。经过40年改革，他们大部分摆脱贫困，步入小康社会。按照2010年人均收入2300元的国家贫困线计算（2010年不变价格；按购买力平价法折算，该贫困线与世界银行2015年价格人均每日1.9美元贫困线接近），1978年中国农村贫困发生率为97.5%，2017年降至5.3%，7亿多人脱贫，城乡居民生活水平有了明显提高（据国家统计局历年《中国统计年鉴》数据，本节下同）。

这40年间，中国从一个农业人口为主体的落后国家转变为城镇人口为主体的、在向现代化迈进的国家，城镇化率从1977年的17.6%上升到2017年的58.5%。

这40年间，中国从一个闭关自守的封闭经济转向了开放经济，外贸依存度（进出口贸易总额与GDP之比）从8%上升到33%，中国成为国际分工体系中的重要组成部分，也从中获得了巨大的收益。

这40年间，中国经济从国营经济和农村公社集体经济一统天下转向多种所有制并存的混合经济。市场开放，经济活跃，民营经济在总产出中占了主要地位，民有、民享的程度显著增加，效率显著提高。

40年前，中国只有国营部门的干部职工享有"铁饭碗"，其他居民没有社会保障。40年后的今天，建立了全面的基本社会保障体系，覆盖了绝大多数居民。

这40年的改革，是通过"摸着石头过河"、走一步看一步的渐进方式，克服了重重阻力实现的。一个十几亿人口的世界大国的体制转轨，没有先例可循，没有完整的理论可以借鉴。其他一些以为照搬某种既定的模式进行一揽子改革就能成功的转轨国家，大都遇到了严重困难。一个典型的例子是俄罗斯20世纪90年代的"休克疗法"式改革，一度使俄罗斯经济几近崩溃，GDP急剧下跌近一半，发生了大规模失业、恶性通胀、居民收入大幅下降。而中国的渐进式改革，尽管历程很长，而且有很多问题有待解决，但在改革的同时实现了经济基本稳定和高速增长、居民收入大幅度提高，总体上是成功的。

"摸着石头过河"的改革并非没有明确方向。事实上，改革从开始阶段就基本上是朝市场化方向推进的，而且在推进过程中，认识逐步清晰、方向逐渐明确，并沿着这条通向市场的道路取得了巨大成就。相反，当某些时期出现偏离这一方向的情况时，改革与经济发展都遇到了困难和挫折。

尽管改革取得了令人瞩目的成功，但中国的改革并未完成，还遗留了诸多重大问题没有解决。目前经济正面临某些严重的挑战，主要是因为仍然存在诸多过去改革尚未解决的体制问题，某些时期还发生改革停滞或方向模糊的情况，改革尚待推进。同时，中国目前还仍然是个中等收入国家，人均 GDP 只相当于美国的 15%，与发达国家的差距还很大，距离实现现代化还有遥远的路要走。如果不坚持继续改革，现代化目标很难实现。

中国为什么走上了改革之路？改革经历了什么样的具体过程？有哪些因素促使中国过去 40 年的经济高速增长？这 40 年改革解决了哪些问题？没有解决哪些问题？遇到了哪些新问题？未来改革将向何处去？在这本书中，笔者试图从自己的视角，对过去 40 年的改革历程，分不同时期做一个总体回顾，梳理不同时期改革的主要进展，以及不同阶段的改革对经济发展和人民生活的影响，从而尝试对上述这些问题做出回答。

中国 40 年的改革和经济发展改变了占世界人口五分之一的近 14 亿中国人的命运，也因此改变了世界经济格局，在人类历史上是一个非常宏大的事件，非常值得详细记录和进行深入研究。笔者

序言

在这 40 年间，有幸从开始阶段就参与了多方面的改革研究，进行了大量实地调查，亲身经历和目睹了改革的多方面进展，同时也通过多角度的经济学研究，积累了许多分析思考，形成了若干观点和判断。但面对这样一场巨大的变革，置身于如此复杂的变革和发展浪潮之中，笔者的观察分析也只能是盲人摸象的众多尝试中的一例，很可能挂一漏万，只是为了给关心改革的读者提供某个维度的参考。对与错，留待读者评判。

第 1 章　中国为什么走上改革之路？

中国之所以在 1978 年走上改革之路，是因为改革前中国的计划经济体制已经走进死胡同，而且经过"文化大革命"的破坏，经济濒临崩溃边缘。改革可以说是中华民族置之死地而后生的奋力一搏。为什么会出现这样的变化？要回答这个问题，有必要对改革以前时期的体制和经济发展状况做个简单的回顾。

1. 一度辉煌的"一五"时期

20 世纪上半叶，中国在经历了辛亥革命、北伐战争、抗日战争和第三次国内革命战争之后，终于在 1949 年建立了中华人民共和国。此前，中国历经近两千年的专制皇权社会已经衰亡，但社会分裂，外寇入侵，经济萧条，人民极度贫困。经过近半个世纪的战争，国家疮痍满目，统一后的新中国亟待振兴。新中国成立后，政府将恢复发展经济和推进工业化作为自己的使命，开始了全面建设过程，并参照当时苏联的模式，以推进国有化和建立计划经济体系来实现工业化。

在开始建立国有经济的初期阶段（1953~1957 年，即第一个国民经济发展五年计划时期），经济一度发展强劲。最初的国有经济是通过没收官僚资本和日伪敌产形成的。随后从苏联大规模引进了 156 个工业项目，范围涉及电力、采矿、冶金、机械、化工、军工、炼油、造纸等，以国有经济为主，全面奠定了我国的初步工业基础。这期间国内生产总值（GDP）以年均 9.2% 的高速度增长，而工业增加值年增长率则高达 19.8%，远快于 GDP 增长。工业化进展迅速，而农业、服务业、城市化和居民收入等方面的发展则相对较慢。到 1957 年，工业总产值按不变价格已经是 1949 年的 4 倍，工业增加值占 GDP 的份额从 1952 年的 17.6% 上升到 25.3%，工业化取得了明显进展，政府将工业化置于优先地位的发展战略取得了初步成功。[1]

全面建立工业基础是新中国成立后取得的一项巨大成就。从世界各国的发展历程看，在一个极度贫穷和工业十分落后的国家，靠自发的经济发展逐步形成工业基础，可能需要十分漫长的过程，而且成功的概率不高。有许多穷国由于国内既得利益阶层对社会的掠夺，不同民族、宗教、经济势力集团的互相争斗和内乱，外国势力的干预、入侵和殖民以及不利的自然地理气候条件等因素，长期陷

---

[1] 数据见国家统计局国民经济综合统计司编《新中国六十年统计资料汇编：1949~2008》，中国统计出版社，2010。本节下同，另有出处者除外。

在贫困的泥潭中无法脱身，迟迟不能走上工业化发展的道路。而以政权的力量铲除了阻碍经济社会发展的既得利益集团，并集中全国之力进行工业化建设，在工业化初期阶段确实显示出了其有效性。"一五"时期，全国居民人均消费年均增长 4.5%（缺收入增长统计），虽然显著慢于 GDP 增长，但人民生活条件比新中国成立之初的状况还是有了明显改善。

在这一时期，还没有全面形成计划经济体制，仍处在混合经济阶段。市场受到限制，但并未取消，私人工商业仍与国有经济并存。到 1957 年，以私人经济为主的非国有经济成分在工业总产值中仍占有 46% 的份额。

在以发展国有经济的方式推进工业化的同时，也在推进农业集体化。当时经过土地改革，农民都分得了土地，改变了很多地方土地占有极度不均、贫富悬殊、社会两极分化的状况。但由于长期战乱，青壮年劳力显著减少、农民财产大量损失，很多农民家庭有了土地但缺劳力，有些农户有劳力但缺牲畜、农具、资金，以至于生产难以正常进行，这成为阻碍农业恢复的瓶颈。为了应对这些困难，有些地方的农民自发组成了互助组，农户之间劳力、畜力、农具互换共享，等价交换，互相帮助。还有些地方的农民进一步组织了合作社，以入股的方式共同使用土地、劳力、畜力等资源。

这些现象是农民中早就存在的互助合作传统的体现，当时被看作走向社会主义公有制的萌芽因素，受到政府鼓励并大力推广，因此也缓解了农业生产要素严重短缺的问题，促进了经济恢复。到 1957 年，全国粮食产量达到 1.95 亿吨，比 1949 年产量（1.13 亿吨）增长了 72.6%。这一方面是战乱后的恢复，另一方面土地改革和互助合作缓解了农户生产要素短缺状况、改善了资源配置，也起了很重要的作用。

当时党内对农民的互助合作出现了两种意见。例如，主管农村工作的邓子恢等人认为，应当从当时小农经济的现状出发，在农民自愿互利的原则下稳步发展合作经济，不宜操之过急，不能搞强迫命令，要尊重农民的选择，实行入社自愿、退社自由。而党内另一些人则急切地希望尽快过渡到社会主义公有制。1955年中央主席提出，要在一年内把全国合作社的数量增加一倍，1956年要从全国65万个合作社发展到130万个合作社，并对邓子恢提出了严厉批评，认为他的主张"像小脚女人走路"，犯了"右倾机会主义"的错误。[1]

结果在各级党政机关的强力推动下，1956年合作化在全国普及，96%的农户被要求加入了合作社。其中大部分"初级社"随后又升格为"高级社"，不再承认农民对土地的所有权，土地无偿转归集体所有，取消了入股分红；农户的牲畜、大农具等生产资料则折价转归集体所有，分期偿还。但有资料显示，实际上多数地方都没有偿还。当时土地改革刚刚完成数年，大量贫困农民因为获得了土地，吃饱了饭，对共产党十分感激，因此各级政府推动的农业全面集体化并没有遇到很大阻力就完成了。

2. 国有化、"大跃进"和"文革"

经济全面国有化是从1956年开始进行的，经过急剧的私营工商业"社会主义改造"，1958年实现了全面国有化，中国走上了全

1　见百度百科"邓子恢"词条。

盘计划经济的道路。国有经济成分在工业产出中的比重迅速上升到89%[1]，其余部分基本上是集体所有制企业，私人经济已不复存在。当时经济百废待兴，又受到"一五"时期工业化建设顺利进展的鼓舞，全党都存在急于实现工业化、急于追赶发达国家、急于实现"共产主义"理想的急躁情绪。

此外，经过长期残酷战争打出来的一批领导人，八年抗战迎来了抗日战争胜利，三大战役又打垮了蒋介石几百万大军，在接连胜利的鼓舞下形成了高度自信和对上级的充分信赖，一旦领导决策，全党和各级政府都会执行，而且各级领导人也很自然地会把"集中力量打歼灭战"这类指导战争的思维方式应用于经济建设。

1958年，在一些地方创造的鼓舞下，中共中央发动了"大跃进"和"人民公社化"运动，要大幅度加快经济建设步伐，同时要以规模更大和公有程度更高的人民公社来代替刚刚建立的农业合作社。这得到了全党响应，雷厉风行地贯彻实施，而且各级党政领导机关层层加码，唯恐落后。但这种以打攻坚战的方式靠行政命令推动经济建设之路，与经济发展的自身规律格格不入，很快就打破了工业化初期快速发展的局面，造成了灾难性的后果。

中共中央1981年《关于建国以来党的若干历史问题的决议》指出："由于对社会主义建设经验不足，对经济发展规律和中国经济基本情况认识不足，更由于毛泽东同志、中央和地方不少领导同志在胜利面前滋长了骄傲自满情绪，急于求成，夸大了主观意志和

1　本节数据除另注明出处者外均见国家统计局国民经济综合统计司编《新中国六十年统计资料汇编：1949~2008》，中国统计出版社，2010。

主观努力的作用，没有经过认真的调查研究和试点，就在总路线提出后轻率地发动了‘大跃进’运动和农村人民公社化运动，使得以高指标、瞎指挥、浮夸风和‘共产风’为主要标志的‘左’倾错误严重地泛滥开来。"决议还指出："主要由于‘大跃进’和‘反右倾’的错误，……我国国民经济在 1959 年到 1961 年发生严重困难，国家和人民遭到重大损失。"[1]

"大跃进"期间，"五风"（指共产风、浮夸风、命令风、干部特殊风和对生产瞎指挥风）在全国盛行，各级党政机关在上级鼓励下粗暴干预经济，追求空想的高指标，浮夸蛮干，破坏了正常的经济秩序。特别是各级都有不少人虚报战绩，邀功请赏，不断上报虚假的惊人经济成就，造成极度乐观的信息在上下级之间不断传递放大，真实信息却被掩盖、过滤，严重误导了决策。1957 年，毛泽东提出了钢产量 15 年超过英国，50 年赶上美国的目标，是理性和符合实际的。但后来一再不切实际地把"超英赶美"的目标提前和拔高。例如 1958 年 4 月提出，工农业生产"十年可以赶上英国，再有十年可以赶上美国"，6 月在中央军委扩大会议上讲话又提出（经济）"三年基本超过英国，十年超过美国，有充分把握"。1958 年 8 月中共中央政治局扩大会议提出，当年钢产量要比上一年增产一倍，将年度指标定为 1070 万吨，发动了"全民大炼钢铁"运动。城乡到处建"土高炉"，用土坯搭炉子、砍树木当燃料来炼铁炼钢。[2]

---

1 引自人民网。

2 参见中国网 – 中国国情《介绍一个合作社》的注释；百度百科"中国共产党第八次全国代表大会第二次会议""大跃进""大炼钢铁""超英赶美"等词条。

这些一再拔高的指标，自然是受到一些官员浮夸虚报、数字造假的鼓舞而提出的，反过来又进一步鼓励了各级官员更大规模的造假和蛮干。

笔者当时住在山东济南市，刚上小学，目睹了城市里"大炼钢铁"的壮观景象，还参加了学校里砸碎矿石的劳动，留下深刻印象。当时大街小巷到处是街道居民用土坯砌起的"土高炉"，高度不过半米到一米，由上级调拨焦炭、铁矿石等原料，将木柴、焦炭、铁矿石混合堆在炉内点火，白天浓烟滚滚，一到夜晚熊熊火光照亮半边天。炉火熄灭后，因为根本没有铁水流出，只能将炉子踢倒（这种炉子被称为"一脚蹬"），捡拾其中带有金属光泽的蜂窝状炉渣，当作"生铁"成品上交。然后再砌新炉，开始又一轮的"炼铁"。

1958 年 12 月官方宣布，全国已经完成钢产量 1108 万吨（后来修正为 800 万吨，显然仍包含大量虚假成分）、生铁 1369 万吨，除了数字虚报造假外，其中还包括了大量根本不能用的废钢废铁，包括笔者亲眼所见的那些炉渣。这种发高烧式的"大跃进"，白白浪费了资金原料，严重破坏了经济秩序，仅在 1958 年使工业总产值统计猛增 55%，后来补建的 GDP 统计猛增 21%，1959 年 GDP 又增长近 9%，随后惨遭重挫，1960~1962 年连续三年大幅度下降。到 1962 年，GDP 暴跌至 1959 年的 68%，比"大跃进"前的 1957 年还低了 10%。1962 年工业增加值仅是 1959 年的 56%，粗钢产量从 1960 年宣称的 1866 万吨暴跌到 667 万吨，生铁从 1960 年宣称的 2716 万吨暴跌至 805 万吨，成品钢材从 1960 年宣称的 1111 万吨暴跌至 455 万吨。

在农村强行推进"人民公社化"，搞"一大二公"（即规模大、公有化程度高），官方媒体不断报道各地创造了粮食亩产万斤、五万斤、十万斤的奇迹。事后得知，这些地方的亩产万斤或几万斤高产田，是把几十亩上百亩地的庄稼拔起来栽到一亩地里，为了给上级领导或中央领导展示，以邀功请赏。一些地方宣布提前进入了共产主义，人民公社办公共食堂，吃饭不要钱，结果半年就吃完了一年的口粮，然后整村整乡陷入饥荒。根据事后公布的统计数据，1958年全国粮食产量1.97亿吨，随后逐年下降，1961年只有1.36亿吨，比1958年下降了31%。

笔者在"文革"时期下乡插队劳动的山西农村，"大跃进"时村支书领着民兵挨家挨户端铁锅拿去炼铁，迫使农民到公共食堂吃大锅饭；青壮年劳力都被调到山里找铁矿、"大炼钢铁"；地里成熟的庄稼只能靠老弱病残者收割，最后很多来不及收的粮食烂在地里。半年后，公共食堂就只能喝稀饭，再后来就只好用本来当柴烧的玉米芯和山上的草籽磨粉吃了。这种情况与其他一些地方相比还不算严重。部分地方由于当地政府大规模虚报粮食产量，导致粮食向外省调拨的数量大增，加大对农民的征购任务，靠人民公社的力量强行把农民的基本口粮也收走，导致了更大的饥荒。

以山东省为例，当时的省委书记1958年11月在《人民日报》发表文章，鼓吹全省农业空前"大跃进"，预计粮食产量达到800亿斤，棉花产量1200万担，而且声称这是在揭发批判了党内地方主义、右倾机会主义和反党右派分子后取得的成就。[1]而事后核实

1　山东省委书记谭启龙：《山东农业生产的落后局面是怎样改变的》，载《人民日报》1958年11月6日。

的统计数据显示，1958 年山东省实际粮食产量只有 245 亿斤，棉花产量只有 424 万担，产量被虚报至三倍。随后全省爆发了严重饥荒，全省 1960 年人口与 1958 年相比，从 5422 万人减少到 5188 万人，绝对减少 234 万人（正常情况下每年人口净增长 100 万人以上）。这期间全国还有许多省份发生大范围严重饥荒。[1]1959 年到 1961 年这一时期，事后被称为"三年困难时期"。

在"大跃进"和"公社化"的疯狂冒进时期，各级党政干部都有人提出过不同意见、进行过抵制，但均遭到排斥打击、批判斗争。1958 年党内进行了"反右补课"，全国至少有十几个省份的数十名省级主要党政领导干部被打成"右派分子""反党分子""右倾机会主义分子"。仅山东和河南两省就有 5 万多位各级党政干部被划为"右派"，轻则撤职降级、开除党籍，重则劳动改造、判刑入狱。[2]

在经济严重挫折和爆发大饥荒的情况下，理智的声音终于占了上风。1962 年，中央召开了由中央、省、地、县各级领导干部参加的中央工作会议（史称"七千人大会"），部署应对经济困难。许多参会者都对"大跃进"的政策提出了尖锐批评，强烈要求改变

---

1 情况特别严重的除了山东省外还有安徽、四川、河南、湖南、贵州、甘肃、青海等省。据全国人口统计，1961 年与 1959 年相比，短短两年全国人口总数绝对减少 1348 万人。而在此前和此后的正常时期，全国人口每年有 1300 万人以上的正增长。

2 林蕴晖：《高干右派：反右中的党内"战场"》，载《21 世纪》2007 年 8 月号；申渊：《反右派运动与党内斗争》，载《炎黄春秋》网络版，2010 年 10 月；王小豫、王小鲁：《难以忘怀的记忆——忆 1958 年"反右斗争"中的父亲王卓如》，载《中国改革》2011 年第 7 期。

政策，最终促使中央政策调整。在 1963~1965 年期间，中央实行经济调整，大幅度调低了生产指标，制止"五风"，"大炼钢铁"也不再继续。

农村人民公社仍然保留，但从人民公社一级核算（一般是几万人口的规模）退到公社、大队、生产队三级核算，以生产队核算为基础（通常一个或几个自然村组成一个生产大队，下面分为几个到十几个生产队；每个生产队由几十户、一两百人组成，大致相当于初级合作社的规模）。这意味着基本上在生产队这一较小范围内实行集体生产和统一分配，"集体经济"的实际规模大大缩小。人民公社仍然是基层政权机构，并仍然在经济活动上保留了对生产大队和生产队的领导权。

同时，确认保留农民的小块自留地，并开放了农村集市，允许农民在集市上销售剩余农产品。这些措施使经济走向恢复，粮食产量逐年回升，于 1965 年恢复到接近 1957 年 1.95 亿吨的水平。GDP终于在 1964 年超过了 1957 年的水平。这期间，一部分农村地区实行了"包产到户"，但随后就被批判为"单干风"，予以制止。

调整带来的良好气氛和经济恢复没有维持很久。随后中央主席本人又于 1966 年发动了"文化大革命"，国家主席刘少奇等一大批领导人被打成"走资本主义道路的当权派"，对过去多年的政策"右倾"进行总清算，号召全国"造反"，导致了全国范围动乱。各级官员遭到批判斗争，不同派别的群众组织之间普遍发生武斗，有些地方演变为动用枪炮的局部内战。不少企业停工停产，经济再度下挫，统计显示 1968 年 GDP 比 1966 年降低了 10%。其后虽然恢复了增长，但速度显著低于"一五"时期。直到 1978 年开始改革开放，经济才进入高速增长期。

在改革开放前全面实行计划经济的20年间（1958~1977年），按国内统计的GDP年均增长5.1%，保持了中速增长[1]，但同期居民人均收入年增长率只有1.7%（见序言部分表1），仅仅维持了低增长。

3. 计划经济的成就和代价

在计划经济开始形成和全盘实行的25年间（1953~1977年），工业增加值年增长11.3%，远快于同期5.9%的GDP增长率，工业增加值占GDP的份额从17%直线上升到43%。[2]基础原材料和重工业产品产量大幅度提高，建立了冶金、机械、石油、化工、轻工、纺织、电子、汽车、造船、飞机制造等门类比较齐全的工业基础，开发出了"两弹一星"。这一时期建立的工业基础，也为改革开放后的经济快速发展提供了一个有利条件。对于一个百年来贫困交加的中国来说，国家走上工业化之路，实现了从晚清的洋务派、维新派到孙中山领导的革命党、实业救国派几代人未能实现的梦想。

但这期间全社会也为工业化付出了巨大的代价。为了推进工业

1　世界经济史学家安格斯·麦迪森按购买力平价计算的中国1950~1973年GDP年均增长率为5.0%，人均GDP年均增长率不到2.9%，均略低于当时的世界经济年均增长率，也低于我国官方统计的年均增长率（因为这一时间段包含了高速增长的"一五"时期。按官方统计，我国1953~1973年期间的GDP年均增长率是6.3%）。见安格斯·麦迪森《世界经济千年史》，伍晓鹰等译，北京大学出版社，2003，第116、210~211页。

2　数据见国家统计局国民经济综合统计司编《新中国六十年统计资料汇编：1949~2008》，中国统计出版社，2010。本节下同，另有出处者除外。

化，政府实行了重工业优先发展的政策，集中全社会的资源用于重工业投资，在很大程度上牺牲了农业、消费品工业的发展和城市建设，更严重的是长期牺牲了居民生活水平的改善。

这25年间，政府集中全国的财力进行工业化建设，大幅度提高投资率，使中国实现了初步的工业化。其中在经济全盘国有化和全面实行计划经济的20年间（1958~1977年），企业完全按政府的计划指令进行生产，产品由政府调拨，利润全部上交政府。农业实行了全面集体化，农产品由政府以低于市场的价格统一征购。这些制度导致经济缺乏活力，整体效率显著降低，技术进步几乎停滞，加上"大跃进"和"文化大革命"的破坏，使该时期的经济增长成就和居民收入增速都显著低于实行混合经济的第一个五年计划时期（1953~1957年），数据见表2。

表2　改革前的GDP、工资和城乡居民人均收入增长

年份	1952	1957	1977	1953~1957增长（%）	1958~1977增长（%）
GDP（亿元）	679	1069	3221	9.2	5.1
人均GDP（元）	119	168	341	6.8	3.1
工业增加值（亿元）	120	271	1372	19.8	9.3
农业增加值（亿元）	346	434	951	3.8	1.5
职工人均工资（元）	445	624	576	5.0	−1.0
农村人均纯收入（元）	57	73	117	3.2	1.7
城镇人均可支配收入（元）	172	212	315	2.4	1.4

注：表中金额为当年价格，增长率按不变价格计算。这期间城镇居民人均可支配收入没有完整统计，本表根据职工人均工资、城镇人口和就业面、估计的工资收入占可支配收入之比等数据计算。农村居民1952年人均纯收入是根据1957年人均纯收入和1952~1957年农村人均消费增长率估算（基于消费率不变的假设）。收入增长率都用居民消费价格指数平减得到。但估算的1958~1977年农村居民收入增长率可能偏高。

资料来源：国家统计局国民经济综合统计司编《新中国六十年统计资料汇编：1949~2008》，中国统计出版社，2010，第6~25页。

在实行全面计划经济的 20 年间，经济增长基本是靠政府主导的高积累、高投资、压低居民收入和消费的增长来实现的。从表 2 可以看到，该时期城乡居民收入增长都显著慢于经济增长和人均 GDP 增长。表 3 列出了该时期投资率（资本形成率）和消费率变动的情况。从表 3 可见，从 1952 年到 1977 年，投资率从约 22% 上升到约 35%，提高了 12 个百分点以上；消费率从约 79% 下降到约 65%，降低了近 14 个百分点，其中居民消费占比降低了 13 个百分点以上（投资率和消费率分别为资本形成和最终消费占 GDP 的份额）。

表 3　投资率和消费率变动：1952~1977 年

（%，当年 GDP 为 100%）

	（1）1952 年	（2）1957 年	（3）1977 年	变动（3）−（1）
投资率	22.2	25.4	34.7	+12.5
消费率	78.9	74.1	65.0	−13.9
其中：居民消费	65.4	62.3	52.0	−13.4

资料来源：同表 2。

4. 农村经济的长期停滞

农村在人民公社体制下，实行土地和其他生产资料公有；农业生产集体化；粮食和其他主要农作物实行统购统销，政府分配征购任务，以低价强制收购农民的农产品来保障城市供应，从而保证了以低工资为基础的较低工业成本。实际上是通过工农业产品价格"剪刀差"的方式压低农民的收入，集中农业剩余来进行工业化积累。为了满足城市的粮食供应，政府要求农业优先保证粮食生产，严格限制农民种植其他附加值更高的农作物。当时的政策称为"以粮为纲，全面发展"，而农民则戏称为"以粮为纲，全面砍光"，结果是更压低了农民收入，限制了农业发展。

当时人民公社制度的集体生产和平均主义的分配，也严重压抑了农民的生产积极性。1968~1975年间，笔者曾长期在农村插队劳动，亲身体验了人民公社体制的低效率。社员一起出工劳动，有些人勤劳认真，有些人偷懒敷衍，但大群人混在一起干活的农业劳动方式，很难找到明确的度量标准对每个人的劳动绩效进行评价，基本上只能干一天活记一天工分，仅仅根据年龄、体力等情况稍加区别，因此年底分配时大家得到的基本一样。这实际上鼓励了懒人，对辛勤劳动者是一种变相惩罚，结果使得偷懒敷衍成为集体生产的常态。

农民为了生存，不得不把更多的精力用在自己的小片自留地里。很多地方农民自留地的平均亩产是集体大田亩产的2~3倍，足见集体生产的低效率。但自留地数量十分有限，对改善农民生活作用不大。1960年代官方推广的大寨评工制度也没有解决效率问题。因为该制度要求农民坐在一起互相评价谁干得好、谁干得不好，干得好可以评分高一些，反之就要压低评分。但因为涉及互相间的利益关系，这种评工方式导致农民之间矛盾冲突不断，结果很难认真实行。

1953~1977年间，农业增长缓慢，农业增加值年均增长率只有2.0%，粮食产量年均增长2.2%，农民收入增长从"一五"时期的3.2%下降到人民公社时期的1.7%。这期间农业产出增长基本上是靠劳动力、化肥、农药、机械和灌溉等投入增加实现的。其间农业劳动力数量增加了1.2亿人（增幅69%），灌溉面积占耕地面积之比从18%提高到45%，化肥施用量从零增加到每亩4.4公斤，农机动力从零增加到每公顷耕地1.03千瓦，此外还大面积推广了优良品种，但农产品增产幅度有限。产量增长明显慢于投入增长，因此生产率是下降的。扣除同期年均 2.0% 的全国人口增长率，人均农产品供应几乎毫无改善。[1]

到改革前的 1977 年，7.8 亿农村居民的人均年收入只有 117 元，按官方汇率合 68 美元，其中超过 2.5 亿人口生活在当时的 100 元贫困线以下，实际处于赤贫状态。笔者在山西农村插队劳动期间，农民在丰年人均分配三百多斤原粮，歉年只有二百多斤。折合成品粮更少。肉类只有春节能吃一两顿，蔬菜也很有限。在重体力劳动热量消耗很大的情况下，很多人吃不饱饭是常态。

由于担心农民进城谋生影响农业生产和增加城市消费品供应压力，计划经济时期实行了严格的城乡分离的户籍制度，禁止农村人口向城市流动。自发进城的农民通常被称为"盲流"，通常要被强制遣送回乡。就连外出逃荒要饭的农民也需要带上一张生产大队的证明信，以免遭到拘禁和遣送。城乡人口隔离的制度直接影响了城镇化发展。1977 年，乡村人口仍占全国人口的 82%，只比 1952 年降低了 5 个百分点，其中在 20 年全面计划经济时期只降低了 2 个百分点，城镇化进程严重滞后。

5. 城镇居民的生活状况

在改革前时期，城镇工、商、服务业企业的利润全部上交国家，主要用于再投资。对城镇职工实行了"低工资、多就业"的政

1　本节和下一节数据见国家统计局国民经济综合统计司编《新中国六十年统计资料汇编：1949~2008》，中国统计出版社，2010；另参见王小鲁、姜斯栋《合作：中国农业发展道路的讨论》，载黄宗智主编《中国乡村研究》第 14 辑，福建教育出版社，2018。

策，职工的人均年工资在"一五"时期（1953~1957年）从445元增长到624元，实际年增长5%，但在实行全面计划经济的20年间（1958~1977年），平均年工资却从624元降到576元，实际每年下降1%。由于动员妇女大量参加工作，同期城镇家庭就业面（就业人数与居民人口之比）从0.32上升到0.55，这才抵消了工资下降对居民收入的影响，使该期间城镇居民人均收入保持了1.4%的年增长。1977年，城镇居民年人均可支配收入估算为315元（数据见本章第3节表2）。

城镇居民生活水平虽然总体高于农村，但消费品也严重匮乏，食品、服装都严格限量供应。改革前城镇成年居民每人每月通常只供应28~30市斤粮食，凭粮票供应，体力劳动工人稍多。肉通常每人每月供应半市斤，油每月3两到半斤，凭逐户发放的粮票、油票、肉票购买（见图1[1]、图2）。蔬菜是运来什么商店卖什么，没有数量和品种保证。偶尔还有其他食品供应，也都严格限量。这样的供应标准至多只能保证一个人最低限度的热量需要。饭量大的青壮年劳动者，饭不够吃的情况相当普遍。"三年困难时期"，上述供应在一些地方也不能保证，粮食常常被发霉的红薯干、红薯粉代替，有时还需要以"草淀粉"和橡子面等替代品充饥。营养不良导致的浮肿病成了"国民病"。

买衣服凭布票（见图2），按年供应，式样千篇一律，颜色非

1　图1中的全国粮票是可以在全国各地使用的粮票，但不易获得，地方粮票只限本地使用。居民如果因公外出或到外地探亲，必须凭单位证明兑换和携带全国粮票，否则无法得到食物。

图 1　计划经济时期的全国粮票和地方粮票（作者收集）

图 2　计划经济时期的布票、肉票、购物券（作者收集）

灰即蓝。因为限量，衣服穿破了都需要打补丁继续穿。改革前的1977年，全国职工人均月工资48元，全国居民人均储蓄存款余额只有19元。

从上述情况和本章第3节的表2和表3可以看到，计划经济时期虽然大体保持了经济中速增长，但给老百姓带来的生活改善十分有限，其间还经历了"大跃进"失败带来的灾难性的大饥荒。

改革前的1977年，按粮食总产量计算，全国人口人均只有粮食（原粮）297公斤，远低于联合国粮农组织制定的人均400公斤粮食安全标准。扣除种子粮、饲料粮、工业用粮、战备粮、储运加工损耗，再折算为成品粮，人均只有140~150公斤。这在肉、蛋、奶、水产、蔬菜、水果等其他食品严重短缺，只有粮食作为基本营养来源的情况下，很难满足一个人起码的热量和营养需要。

6. 工业化的目的与效率

改革前实行国有化和计划经济的二十多年里，中国独立自主实现了初步工业化，的确是一项重要成就。但工业化的根本意义在于使人民摆脱贫困，通过发展走上安康幸福之路。而计划经济时期实现工业化的方式是以剥夺农民和长期牺牲人民生活改善为代价，以压低居民收入进行强制积累，有违工业化的本来意义。

尽管这一体制在工业化初期阶段（主要是"一五"时期）显著加快了经济增长进程，但随着实现了向计划经济的转轨，靠官僚主义的自上而下命令方式搞经济，严重压抑了人民大众的积极性和创造性，重大决策错误不断发生，结果效率越来越低，增长越来越慢，人民生活贫困，结果与追赶发达国家的目标事与愿违。

由于所有经济活动都必须听命于政府，普通老百姓的就业、收入、衣食住行都要服从政府安排，而政府计划常常脱离实际，结果生产缺乏效率，资源错配普遍存在，创新严重不足，科技进步缓慢。从 1952 年到 1977 年，学术界以增长模型估算的中国全要素生产率大部分年份在 −1%~0%。尽管工业生产规模迅速扩大，少数领域也有重要技术突破（例如"两弹一星"），但整体技术进步非常有限，多数工业部门设备陈旧、技术老化，很多工业产品二三十年没有更新换代。1950 年代从苏联引进的解放牌汽车是一个明显的例子。该车型从 1956 年开始在长春生产，一直到 1986 年，整整 30 年没有更新换代。类似的情况非常普遍。这种现象常被业内人士批评为"复制古董"。那个时期，中国的总体科技发展水平与先进国家的距离越来越大。

据世界经济史学家安格斯·麦迪森计算，中国 1973 年按购买力平价计的人均 GDP 为 839 国际元（International Dollars，1990 年价格），仅是当时世界人均 GDP 水平的 1/5，不到亚洲 56 国和地区人均水平的一半，被日、韩、新加坡及我国台湾、香港等亚洲新兴经济体远远抛在后面。1973 年与 1950 年相比，中国人均 GDP 在世界各国中的相对位置基本没有改变，排在少数低收入穷国之列。[1]可以说，中国实行计划经济的二十多年，基本没有缩小与发达国家的巨大差距，而且因为效率低下，发展动力逐渐丧失，弊病越来越多。

正是基于上述原因，在经历十年"文革"的倒退之后，改革开

1　数据见安格斯·麦迪森《世界经济千年史》，伍晓鹰等译，2003，北京大学出版社，第 117、209 页。

放成为全国人民的共识，由此开始了从计划经济体制向市场经济体制的转轨。

7. 哪条路通向经济起飞？

国际经验和我国改革开放以来的发展经验都证明，实现工业化和经济快速发展，绝非只有违反市场规律的政府强制性政策可用，而且这种政策最终无法达到目的。德国在"二战"中工业被大量摧毁，国力消耗殆尽，物资匮乏，人民贫困。战后的联邦德国政府毅然放弃了战时管制政策，鼓励自由市场发展，短时间内就实现了经济复苏，并迅速发展为世界制造业强国。日本战败后经济一片萧条，在占领军主持下推行了经济自由化，解散财阀，鼓励竞争，也迅速发展为高度工业化的强国。

发展成就显著的亚洲新兴工业化国家，虽然在开始起飞阶段政府都起了较大的作用，但没有一例是靠反市场的计划经济取得成功的。相反，所有实行计划经济的欧洲和亚洲国家，都遭遇了增长缓慢和停滞，最后大多数不得不实行市场化的体制转轨。个别未转轨的国家，经济发展都远远落在大多数国家后面。

我国在 1978 年开始改革开放后，转向市场经济，农民有了自主权，乡镇企业、民营经济迅速发展；改变了重工业先行的模式，消费品产业在市场导向下充分发展，短短几年就解决了消费品长期严重匮乏的问题；经济增长显著加速。投资资金不减反增，市场活跃，效率提高，形成了长期持续高速增长的局面。

近年来经常有人以改革前的"两弹一星"的成功开发为例，主张经济发展要实行"举国体制"。"两弹一星"确实是突出的成就，但这是以举国之力进行少数重大项目科研攻关取得成功的案例，不能简单推广到整体经济发展。[1]事实证明，当时的"举国体制"除了在工业化初期阶段的"一五"时期发展中取得了显著但短暂的成就，在长期经济发展方面是相当失败的。如前所述，这不仅表现在计划经济时期只保持了中速增长，全要素生产率基本没有提高，没有缩小与发达国家和很多发展中国家的差距，还突出表现在经济增长以压低老百姓的收入和消费为代价，使居民收入长期增长缓慢，大量人口长期处在绝对贫困状态，中国持续处于世界上最贫困国家之列。如果忘掉了这些沉痛的教训，想回到或部分回到旧体制，必然误入歧途，背离改革方向，也注定会付出沉重的代价。

改革期间，中国经济进入高速增长轨道，在近40年间保持了接近10%的增长率。1978~2017年这40年，城乡人均收入分别年增7.3%和7.6%，比改革前都有大幅度提高；农村绝大多数人口摆脱了贫困，全国人民的生活水平发生了巨大的变化；经济总量超越了多数发达国家，跃居世界第二位。我国40年来取得这样举世瞩目的成就，靠的不是"举国体制"，而是靠改革原来的"举国体制"，全面向市场经济转轨。

市场经济体制让老百姓和企业不再被动服从上级安排，有了自主择业、迁徙、投资、经营的权利，有了积极进取、参与竞争、付出更大努力取得更好回报的权利，同时个人和企业也要为懒惰、低

1　此外也不应认为"两弹一星"是我国完全独立自主研发成功的。我国核物理科学家、两弹一星功臣何泽慧女士曾在央视《大家》节目接受访谈时公开指出，"（当时来华援助我国原子弹项目的）苏联专家接到撤回国的消息，马上把全部原子弹的资料、图纸让我们抄，抄写不行让我们用相机拍"。

效率和错误决策承担后果。这些是社会进步的基本源泉。在市场体制下，消费者也有了自主选择消费品的权利，不再是政府分配什么吃的就吃什么，商店卖什么穿的就穿什么。消费者的自主选择也迫使生产者必须提高效率、降低成本、提供优质产品。这同样是市场经济能够充满活力、不断提高效率的基本原因。

在计划体制下，少数人决策，大多数人服从，决策错了也常常难以迅速纠正。而市场体制能够调动大多数人和众多企业的积极性、主动性，通过竞争奖勤罚懒、奖优罚劣，推动人们勤奋工作，促使资源不断向高效率的领域流动，因而能够起到提高效率和优化资源配置的作用。这些作用是政府的行政手段无法取代的。由于市场经济的决策是由全体社会成员分别做出的，错误概率相对较低，错了也有自我纠正的机制。

市场经济当然也不能包治百病。有些领域，如天然垄断性领域或科研、教育、基础设施建设等有经济外部性的领域，仅仅靠自发的市场调节机制可能导致垄断或不能实现资源配置最优；有些领域，例如收入分配和社会公共服务，单靠市场无法抑制贫富两极分化，不能实现社会公平。在这些领域，需要政府参与并承担重要责任。完善政府在这些领域的职能，只要做得合理，与充分竞争的市场并不冲突，反而两者可以实现互补。一个合理有效的现代市场经济，必须既有充分竞争的公平市场，又有弥补市场空缺和有效履行公共服务职能的政府。但政府不能越位，不能与市场争夺资源配置的权力，不能取代市场的作用。

改革40年来，经济成效有目共睹。但在这40年间，若干方面也发生了严重的问题。突出表现在收入差距持续扩大，围绕权力的腐败现象严重；还出现了投资过度、产能过剩、效率下降、负债过高等结构失衡现象，政府对资源配置和对企业的干预在过去十几年间有强化趋势，导致最近若干年经济增长疲软。有些人把出现这些问题的原因归咎于市场化改革，但实际情况恰恰相反，关键在于与市场化配套和互补的若干方面改革不到位，以及市场配置资源的功能受到干扰。本书以下部分将分不同阶段回顾改革的主要进展和经济效果，同时简要讨论上述这些问题是如何发生的，未来将如何解决。

第2章　如火如荼的80年代改革

　　1978 年 12 月，中共十一届三中全会对"文化大革命"中及其以前的"左"倾错误进行了初步纠正，决定结束大规模群众运动，把工作重点转向经济建设，并对经济体制进行改革。全会还决定大幅度提高农产品收购价格。这次会议成为改革开始的标志。随后，1980 年代多方面改革在全国大范围展开。这些改革是以渐进的方式进行的，推动中国经济从旧的计划体制逐步转向效率更高的市场经济体制，同时基本保持了宏观经济稳定并实现了高速增长。

1. 使农民吃饱饭的农业改革

　　首先发生改变的是农村经济。改革前的农村人民公社体制，生产效率很低，生产是大群人集体出工、"集团作战"，分配是平均主义的记工分，农产品是由国家以低价强制征购，结果导致奖懒罚勤，效率很低，农民普遍贫困。政府还严格限制农民种植其他经济作物、限制农民通过市场出售农产品，严重挫伤了农民的生产积极性。1977 年，全国粮食产量为 2.83 亿吨，平均粮食亩产只有 175 公斤原粮，[1] 很多农民在完成国家征购任务后连饭也吃不饱。

1978 年，中共十一届三中全会决定大幅度提高过低的农产品收购价格，把粮食统购价格提高 20%，超额完成统购任务的超购部分再在以上基础上加价 50%。这改变了长期粮价过低的情况，提高了农民收入，对农民产生了重要的激励作用。

同时，安徽等一些地区的农民冒着违反当时的官方政策的风险，私下进行了"包产到户"改革（后被称为"家庭联产承包责任制"或"家庭承包制"）。核心是恢复以家庭为单位的农民自主生产经营，农户承诺完成国家的农产品征购任务和农村集体的定量"提留"，剩余产品全部归农户所有。这种方式激发了农民的生产积极性，增产效果非常显著，并得到了当地党政领导人（例如安徽省委书记万里和一些地区、县级干部）的支持。在四川，很多地方实行了农业"包产到组"的改革，实际有些地方也包到了户，这些得到了省委书记等领导的支持。这些变化一度引发了党内一些人关于"违背社会主义道路"的激烈批评，要求予以取缔，但得到了邓小平、陈云等党内元老的支持。最终改革者占了上风。

对农村改革做出了巨大贡献的原中央农村政策研究室主任杜润生回忆说："争论一开始就存在。在万里进京担任副总理前，农口有位

---

1 数据见国家统计局国民经济综合统计司编《新中国六十年统计资料汇编：1949~2008》，中国统计出版社，2010。

长期从事农村工作的老干部，为了解包产到户问题专程去安徽调查，结果和万里发生了争论。那个老干部说：'包干到户不宜普遍推广，因为它离开了社会主义方向，不是走共同富裕道路。'万里说：'包干到户，是群众要求，群众不过是为了吃饱肚子，有什么不符合社会主义，为什么不可行？'万里还问道：'社会主义和人民群众，你要什么？'老干部说：'我要社会主义！'万里说：'我要群众！'"[1]

"要群众"和"要'社会主义'"，泾渭分明，划分了把老百姓的利益置于最高地位和固守极左的传统意识形态观念的两类共产党人的区别。后者中还有一些人的态度实际上并非源于意识形态，而是为了保自己的乌纱帽。他们坚持的让老百姓吃不饱饭的"社会主义"，其实是假社会主义。

杜老还回忆说："1979 年 9 月，中央召开了十一届四中全会。中央委托赵紫阳对三中全会关于农业发展的文件草案作修改，会议通过了《中共中央关于加快农业发展若干问题的决定》。前面提过，三中全会的好文件留着一条左的'大尾巴'，就是'不许分田单干，不许包产到户'。赵紫阳在有限授权的条件下，在《决定》中把两个'不许'改为一个'不许'，一个'不要'，即'不许分田单干。除某些副业生产的特殊需要和边远山区、交通不便的单家独户外，也不要包产到户'。对包产到户口气比较缓和了，而且允许某些例外，开了一道小小的门缝。"[2]

1　马国川：《"中国农村改革之父"杜润生生前访谈录》，FT 中文网，2015 年 10 月 9 日。

2　马国川：《"中国农村改革之父"杜润生生前访谈录》，FT 中文网，2015 年 10 月 9 日。

正是这道小小的门缝，让农村改革见到了一丝曙光。一些地方的农民以中央文件允许"例外"为依据，找各种理由把自己列为"例外"，搞起了包产到户的试验，而且这些试验都取得了很好的效果，通常当年就能够实现大幅度增产增收。这些事实也说服了很多反对者。从1979年开始，政府允许农民试验各种不同的生产方式，并逐步放松了对"包产到户"的禁令。

1981年到1982年间，笔者到安徽、四川、浙江等地农村调查，亲眼看到许多搞了一两年包产到户的地方农民欢欣鼓舞，家里有余粮、有闲钱了，很多农户终于搬出了透风漏雨的茅草房，盖起了砖瓦房。当时全国政策还一度不明朗，在各级干部中都有争论，有些地区支持包产到户改革的干部还遭到批判、撤职甚至判刑。笔者调查时发现，一些农民不敢贸然承认当地搞了包产到户，直到和调查者聊得投缘了，才据实相告。多年来终于吃上饱饭的农民高兴地带调查者看自己家里装满了的粮食囤，下面条、用红糖水煮鸡蛋招待调查者。临离开时叮嘱说："回去给中央带个话，现在这政策千万别再变了！"

1982年，中共中央一号文件肯定了包产到户的做法。到1983年，包产到户在全国大范围普及，农业从"大锅饭"的集体生产恢复到家庭生产。1984年，人民公社宣告解体。同一时期也开放了农产品市场，允许农民通过市场销售产品。

从改革前的1977年到1984年，短短7年间全国粮食产量从2.83亿吨增长到4.07亿吨，增产1.25亿吨，提高44%。棉花、油料、糖料、水果、肉类等产品在这7年间增产幅度更大，产量提高70%~200%。这一时期成为有史以来农业改变最快的一个时期（见表4）。农业改革终于解决了农民吃饱饭的问题，长期的粮食短缺就此消除。农产品大幅度增产、提高农产品收购价、开放农产品市场的综合作用，使这 7 年间农民人均收入从 117 元跃升至 355 元，按不变价格计算增长了 160%，年均增长 14.6%。城乡居民收入差距从 2.6 倍下降到 1.8 倍。同期农业增加值年均增长 6.8%，远高于 1952~1977 年平均 2.0% 的增速。计算显示，在此期间仅农业改革就使全国经济增长加速了 1.5 个百分点。[1]

表 4　农业改革时期农产品增产幅度（1977~1984 年）

年份	粮食（万吨）	棉花（万吨）	油料（万吨）	糖料（万吨）	茶叶（万吨）	水果（万吨）	猪牛羊肉（万吨）	农民收入（元）
1977	28272	205	402	2021	25	569	780	117
1984	40730	626	1191	4780	41	985	1541	355
增幅（%）	44	205	196	136	64	73	98	160

资料来源：国家统计局国民经济综合统计司编《新中国六十年统计资料汇编：1949~2008》，中国统计出版社，2010。

农民在包产到户改革中释放出来的生产积极性，对熟悉农村状况的人来说不难理解。笔者曾在农村长期生活、劳动，其实偷懒和对集体生产漠不关心并不是农民的本性，但在极其艰苦的条件下长期辛勤劳动而得不到合理的回报，对任何人的积极性都会是沉重的打击。在这种情况下，少数人的偷懒就会产生不断重复的示范效应，因为他们比别人少付出努力，收入分配却和别人基本一样。久而久之，所有人都会变得心灰意懒。当然，回报也会随之更少，生活会更加艰难。而

1　数据见国家统计局历年《中国统计年鉴》与《新中国六十年统计资料汇编：1949~2008》（2010 年），本节下同；农业改革对增长的贡献由笔者依据历年 GDP 及其增长率，改革前后第一产业增加值、增长率及其占 GDP 份额等数据计算得到。

一旦他们看到自己付出辛勤劳动能够带来更美好的生活，必然会加倍努力。

经常听到有些留恋旧体制的人争论说，20世纪80年代上半期的农业大幅度增产并不是包产到户改革带来的，而是农业投入增加和推广杂交水稻的结果。但他们无法解释的是，改革前20年的人民公社时期，农业投入也大量增加，而且杂交水稻和其他杂交作物及优良品种（杂交高粱、杂交玉米、良种小麦等）也已经大面积推广，为什么没有带来大幅度的增产（不同时期的农业数据见表5）？此外，80年代上半期还出现了棉花、油料、糖料、水果、茶叶等非粮食农作物更大幅度的超常增产，这些又如何用推广杂交水稻来解释呢？

表5　历年粮食产量、农业投入和农民收入

年份	耕地面积（万公顷）	粮食产量（万吨）	化肥施用量折纯（万吨）	农业机械总动力（万千瓦）	耕地灌溉面积（万公顷）	农村居民人均收入（元）	农村人均收入指数（1978年=1）
1949	9788	11318	8[a]	18[a]	1996[a]	65[a]	0.61[a]
1957	11183	19505	37	121	2734	73	0.63
1977	9925	28272	648	10262	4500	117	0.96
1984	9785	40731	1740	19497	4445	355	2.50
1990	9567	44824	2590	28708	4740	686	3.11
2000	13004	46217	4146	52573	5382	2253	4.83
2010	—	54648	5562	92780	6035	5919	9.54
2017	13490[b]	61793	5859	99017	6785	13432	—

注：①有些年份缺数据，用邻近年份数据代替；a为1952年数据；b为2016年数据，"—"为无数据；②耕地面积自1996年之后采用了国土资源部、国家统计局、农业普查办公室根据卫星遥感和农业普查提供的新数据，而以前年份统计数据有大量遗漏，两者不可比；③农村人均收入为现价纯收入，农村人均收入指数是用居民消费价格指数平减后得到的不变价格收入指数，其中1952年人均收入用人均消费代替。

资料来源：国家统计局历年《中国统计年鉴》和《新中国六十年统计资料汇编：1949~2008》（2010年）。

农业投入增加和推广杂交作物对农业的贡献不可否认。没有这些因素的贡献，人民公社时期每年2%的农业增长是无法实现的。在改革时期，这些因素也在继续起作用。但企图用这些因素来否认农业改革的巨大贡献，严重背离了事实。笔者的初步估算显示，在1984年比1977年增产的1.25亿吨粮食中，化肥、农业机械、灌溉面积扩大等投入增长的贡献约为4000万吨；扩大推广优良品种包括杂交作物的贡献约1500万吨；农业实行包产到户改革和提高粮食征购价格的合计贡献约为7000万吨。最后两个因素的贡献占了增产总量的一多半，是这个时期粮食增产的主要因素。[1]

家庭承包经营当然并不是解决所有农业问题的灵丹妙药，不可能让农业快速增长的势头永远持续下去。它只是一种更适合中国当时农业现状、比人民公社体制更能调动农民积极性，从而带来更高效率的经营形式。在其效率充分释放之后，农业增长在80年代后半期也随之放慢。1985~1990年间，全国粮食产量一度停顿在4亿吨上下，到1990年才增至4.46亿吨，比1984年提高不到0.4亿吨。其他多数农产品的产量还在继续增长，但一部分的势头有所减缓。整体而言，农业增加值增速减缓到3.8%。

这一时期，粮食继续增产主要是靠增加投入，但在耕地有限的情况下，增加单位面积投入会产生边际收益递减的作用，导致农业成本上升、回报减少，制约了粮食产量继续增长。其他农

---

1 王小鲁、姜斯栋：《合作：中国农业发展道路的讨论》，载黄宗智主编《中国乡村研究》第14辑，福建教育出版社，2018。

产品的增产更多来自市场需求的引领，例如对肉类、禽蛋、水产品、水果的市场需求都在上升，而这些生产较少依赖有限的耕地（肉禽主要靠圈养，水产主要靠海、河、湖、塘、水库，水果主要靠山地），因此农民在这些领域的生产上付出了更多努力并得到回报。

但同时出现的问题是，小规模农户面对复杂多变的市场环境，抵抗风险的能力、市场谈判能力、学习新技术和获得信息的能力都显得不足。这些都是导致农业增长减速的原因。出现这些问题，并不意味着需要回到过去的集体所有制体制，家庭经营仍然必要，但需要在产前产后环节以社会化的组织为农户提供服务，特别需要在产品购销、新技术推广、良种应用、品牌创建、资金融通等领域开展农户间的合作，以组织化的力量为农户降低成本、提高效率、维护农户合法权益。这意味着农业和农村还需要继续进行多方面的改革。可惜的是，在这些方面长期未能取得有效进展。同时，很多地方还出现了苛捐杂税增加、农民负担加重、乡村社会治理缺失等一系列新问题。

在上述方面，后来随着2006年取消农业税和各种相关收费以及各种惠农政策的实施，农民负担显著减轻。但在围绕农业的社会化服务方面，始终进展不大。在这方面，鼓励农民在多领域开展合作，还有广阔的发展前景。日本、韩国和我国台湾地区的综合农协模式，也非常值得学习和借鉴。合作绝不是重新集体化，而是在农民家庭经营基础上的自愿联合。

改革之路

2.《未定稿》、"农发组"、"走向未来丛书"和思想解放运动

1978 年 5 月,《光明日报》刊登题为《实践是检验真理的唯一标准》的特约评论员文章,引发了一场全国范围的真理标准问题大讨论。下半年,新成立的中国社会科学院(前身为中国科学院哲学社会科学部)在副院长于光远建议下,成立了一个"写作组"(后改称《未定稿》编辑部)。当时刚刚粉碎"四人帮",他们在十年"文革"中制造的大量思想垃圾还没有认真清理,设立的重重意识形态禁区还没有突破。写作组的使命是对过去十年"四人帮"宣扬的极左理论进行批判,随后于 1978 年末开始,由写作组编辑出版了一份名为《未定稿》的不定期内部刊物,刊载院内外社会科学各领域研究人员的探讨性成果,以活跃学术思想,开展理论争鸣,推动思想解放。刊名是写作组组长林韦所起,意在包容,使一些有争议的文章能够刊登出来。

林韦是 1937 年抗战时期入党的中共党员,曾任延安抗大校刊主编,于 50 年代任《人民日报》理论部主任,1959 年被打成"右倾机会主义分子",历经磨难,"文革"后复出。他思想开放,务实包容;用人的方针是不问学历、资历、背景,唯才是举,对年轻人大胆任用。笔者在"文革"期间在山西农村下乡插队 6 年多,后又在矿山和工厂当了 4 年工人,"文革"前只读过初中,从未踏进大学门槛,只因一篇讨论改革的文章被写作组选中,直接从工厂调往《未定稿》担任编辑工作。以类似的经历来到《未定稿》的还有王小强,他先后在陕西和河南农村插队,后成为学习拖拉机专业的工农兵学员和工厂工人。我俩所有的社会科学知识全部来源于在农村

和工厂期间的自学。那个时期，像这样在改革的潮流推动下直接从最基层走进研究领域的年轻人还有不少。龚自珍的诗句"我劝天公重抖擞，不拘一格降人才"，可以成为那个改革初始年代的真实写照。[1]

"文革"期间，全国9亿人可看的戏只有"中央文革小组"选定的八个样板戏，可读的报刊只有"两报一刊"（《人民日报》、《解放军报》和《红旗》杂志），可接触的思想理论著作只有《毛主席语录》、《毛泽东选集》和马列著作。凡是与毛著、马列经典和正式官方观点有任何出入的思想观念一概被视为异端邪说、反动思想，轻者遭到批判，重者有牢狱之灾甚至性命难保。在经历了十年"文革"的思想禁锢和摧残后的70年代末和80年代初，当时的知识界对新思想、新知识如饥似渴。

《未定稿》作为内部刊物，起初每期只印三四百份，发院内各研究所参考，也少量发往全国一些重点大学、研究机关和各省部级党政机关及其政策研究和宣传部门。到1979年末共编发了50期。《未定稿》的不少文章一经刊出就引起关注，被广泛传阅，以几百份的发行量居然在学术思想界产生了重要影响。当时研究所或大学阅览室里摆一份《未定稿》，可能就有数十甚至数百人排队争相传阅，并口口相传，使影响不断扩大。

当时《未定稿》发表的有影响的文章很多，以下只列举自

1　当时的编辑部成员有林韦、江明、丁磐石、李凌、陈光辉、李克敬，较年轻的成员有聂峥砥、王小强、王小鲁、张莉（后来一部分人陆续调离，只留下来5个人。再后来林韦调离，编辑部由李凌负责。1950年代他曾在空军政治部工作，"反右"运动中被打成"右派"，被送往黑龙江农场劳改多年。"改正"回来后初心不改，对改革情有独钟）。

1978 年底创刊到 1979 年底这一年内部分有较重要影响的文章。

黎澍（著名历史学家）:《消灭封建残余影响是中国现代化的条件》（1978 年 12 月，试刊第 1 期）。他的文章回顾了中国封建社会的长期停滞，五四运动以来的思想解放运动，和民主革命、社会主义革命的历史，认为中国反封建主义的思想革命并未彻底完成，"文革"时期存在的专制主义和掀起的个人崇拜仍然是封建主义残余的影响。

董辅礽（著名经济学家）:《关于我国社会主义所有制形式问题》（1978 年 12 月，总第 5 期）。该文认为国家所有制只是全民所有制的一种实现形式，但这种形式存在一些严重的缺陷。文章讨论了这些局限性和缺陷。文章还主张农村政社合一的人民公社制度应当改变，实行政社分离，恢复劳动者对集体经济的自主权。

编辑部印发:《彭德怀同志写给毛泽东同志的信》（1979 年 2 月，总第 10 期）。彭德怀在 1959 年中共中央庐山会议上给毛泽东写信（事后被称为"万言书"），对当时"大跃进"中出现的浮夸虚报、狂热蛮干、指标层层加码、不切实际的倾向提出中肯的批评意见，建议纠正。该信随即被印发会议代表，受到批判围攻，彭德怀被错误地定为"右倾机会主义分子"，撤职下放。但绝大多数人都没有看到过这封信。为了帮助读者厘清历史原貌，编辑部印发了彭德怀这封信。

侯雨夫:《对资本主义制度下无产阶级绝对贫困化理论的几点看法》（1979 年 3 月，总第 15 期）。列宁认为资本主义制度下工人阶级的生活必然会趋向于"绝对贫困化"，这历来被当作对西方社会的经典判断。该文认为这不符合历史事实，对这一论断提出了质疑。

刘明夫:《社会主义经济的经济形式问题》(1979 年 4 月，总第 16 期)。该文主张社会主义应实行商品经济（即市场经济）制度。

陈荷夫:《确保司法机关应有的独立性》(1979 年 4 月，总第 17 期)。该文主张恢复司法的独立性，批评了党组织不适当干预司法机关工作带来的种种弊端。

晓鲁（王小鲁）:《"先进的社会制度与落后生产力的矛盾"的提法是科学的吗?》(1979 年 4 月，总第 21 期)。该文针对当时学术界主张重新确认中共八大提出的"先进的社会制度与落后生产力之间的矛盾是我国的主要矛盾"，提出了不同意见，论证与现实生产力水平相矛盾的社会制度不是先进制度，而是需要改革的制度；主张改革需要建立的是适合生产力发展的制度。该文后获首届孙冶方经济科学论文奖。

王永江:《社会主义公有制经济的竞争》(1979 年 7 月，总第 31 期)。该文是改革中最早提出在中国实行市场竞争制度的文章之一。

顾准:《资本的原始积累和资本主义发展》(1979 年 9 月，总第 39 期)。该文是顾准在"文革"中遭受批判期间留下的遗稿，站在历史发展的高度讨论了"市民阶级"和资本主义兴起的条件，认为继承希腊文明的欧洲文艺复兴运动和清教徒精神是资本主义产生的必要条件。

高尔太:《异化现象近观》(1979 年 10 月，总第 42 期)。该文以"文革"的历史悲剧为证，讨论了社会主义国家中存在的违背人本主义的异化现象。

郭罗基：《政治问题为什么就不能自由讨论？》（1979 年 10 月，总第 43 期）。

晓鲁（王小鲁）：《试论政治民主化与生产社会化的历史联系》（1979 年 10 月，总第 44 期）。该文提出经济体制改革的方向是建立商品经济即市场经济体制，政治体制改革的方向是实行政治体制的民主化。

徐博涵：《整个社会主义历史时期始终存在阶级和阶级斗争的说法是没有根据的》（1979 年 10 月，总第 45 期）。该文对毛泽东的社会主义历史阶段始终存在阶级斗争的论断提出了批评。

王贵宸、魏道南：《联系产量的生产责任制是一种好办法》（1979 年 10 月，总第 45 期）。当时的农业政策仍然不允许实行包产到户，该文列举事实肯定了农业包产到组和包产到户的积极作用。

王小强：《农业社会主义批判》（1979 年 12 月，总第 49 期）。该文讨论了小农经济产生的平均主义和反商品经济思想对社会主义运动的影响。

林欣、李琼英：《华盛顿与民主共和制》（1979 年 12 月，总第 49 期）。该文回顾了美国独立的历史，讨论了废除领袖终身制对民主共和国的重要意义。

用今天的眼光看，这些文章可能还有各种各样的局限性，但在当时对打破长期的极左思想禁锢起了很大的引导作用。

1979 年 11 月，《未定稿》还发表了三篇关于安徽肥西县农村的调查报告和社会科学院社会学所陆学艺等人就此撰写的评论文章，介绍肥西县山南区 77% 的农户在 1978 年冬自发搞起了"包产到户"，1979 年夏粮增产 265%，国家征购粮也多交了好几倍；但县委要"纠偏"，受到农民强烈抵制。陆学艺等人的评论文章对"纠偏"进行了批评，对包产到户做了积极的评价。但这受到当时的社会科学院一位负责人的严厉批评，因为已经排印，下令只准作为"增刊"发行 200 份，供少数领导内部参考。即便如此，这份增刊还是起了积极的作用。中共甘肃省委当时已准备对少数实行包产到户地区的农民进行整治，读到《未定稿》增刊后，改变了态度，决定允许各县少数生产队进行试验。[1]

1980 年 1 月，《未定稿》又发表了中共安徽滁县地委书记王郁昭的文章，介绍滁县地区从 1978 年 10 月以来多数生产队实行了包产到组等各种形式的联产责任制，一部分搞了包产到户（或称"大包干"）。全地区 1979 年粮食比 1978 年增产 23%，油料增产 28%。其中凤阳县大部分生产队实行了"大包干"，1979 年全县粮食增产 49%，油料增产数倍。文章呼吁要尊重实践，不要把联产责任制看成"倒退"，不要再搞"纠偏"。[2]《未定稿》连续刊登这方面文章引起了一场风波，当时的社会科学院一位主要负责人严厉批评《未定稿》发表关于包产到户的文章是"和中央唱反调"，还有几篇文章也被认为违反了四项基本原则，因此撤换了《未定稿》的负责人林韦，改组了编辑部。但《未定稿》当时在思想界掀起了从多方面清算"文革"积弊、重新认识改革前旧体制的缺陷、推进改革的思想

1　中国社会科学院《未定稿》1979 年 11 月 8 日增刊（可惜笔者已经找不到原件了）。关于此事的回忆参见李凌《勇破坚冰的〈未定稿〉》，载《书屋》2003 年第 1 期。
2　王郁昭：《尊重实践权威，肃清极左流毒》，载中国社会科学院《未定稿》1980 年 1 月，总第 52 期。

浪潮，在改革史上留下了浓墨重彩的一笔。

《未定稿》受到整顿、林韦被撤换后，《未定稿》的编辑工作受到严重影响，停刊 4 个月后才于 1980 年 5 月复刊。但复刊后的《未定稿》在几位编辑的努力下仍继续发表了一些对推进改革有影响的文章。仅举几例如下。

徐景安:《认识社会主义条件下竞争的必然性和特定，保护和开展竞争》（1980 年 9 月，第 20 期）。

陆学艺、王小强:《包产到户的由来和今后的发展》（1980 年 11 月，第 30 期）。该文对农村包产到户做出了积极评价。当时中央政策尚未正式肯定包产到户的实施。

刘佑成、王晓鲁:《商品经济客观基础考察》（1980 年 11 月，第 31 期）。该文论述了社会主义社会实行商品经济（即市场经济）体制的必要性和必然性。

于浩成:《无产阶级专政，还是人民民主专政？》（1980 年 12 月，第 34 期）。文章对当时仍然作为官方理论的"无产阶级专政"理论提出了质疑。

何伟:《商品生产与经济体制改革》（1980 年 12 月，第 40 期）。该文主张在商品生产条件下国家所有制应向企业所有制改变。

杨仲伟、陆立军:《社会主义生产劳动新探》（1981 年 2 月，第 3 期）。文章对马克思经济理论将服务业劳动划为"非生产劳动"（该理论也成为苏联和我国过去经济统计区分生产和非生产的依据）提出了批评。

郑洪庆:《对我国通货膨胀的特点及成因的分析》（1981 年 5 月，第 13 期）。但当时有关领导认为该文违反了"社会主义国家没有通货膨胀"的官方传统说法，责令将标题和文章中的"通货膨胀"一词都改为"货币量发行过多"才能发表，这也导致文章读起来很多地方逻辑不通，并非笔者的责任。

《未定稿》在改革初期的思想解放运动中发挥了不可忽视的作用，为推进改革扫除了很多思想障碍，对改革功不可没。

在改革初期阶段，一个称为"中国农村发展问题研究组"（简称"农发组"或"发展组"）的小组织对农业改革发挥了非常积极的作用。该组是由一批"文革"期间在农村插队当过农民、当过生产建设兵团战士或工厂工人，"文革"结束后又活跃在社会科学领域的中青年学者发起成立的。[1] 他们抱着改变农村面貌的强烈愿望，自发组建了这样一个研究组织，从 1980 年下半年就非正式开展活动，利用业余时间讨论研究农村发展和改革问题，并进行了零散的实地调查和建组筹备工作。当时"四人帮"虽然已经被粉碎，但十年"文革"造成的人人自危的思想恐惧症还在，建立这样一个自发的研究组织，是冒了很大风险的。好在那些依附"四人帮"，靠整人吃饭的极左官僚已经纷纷倒台，一批有改革意识的领导人走上了工作岗位。农发组成员们希望改变农村面貌的热忱终于感动了"上天"，该组的活动得到了中央有关领导人的支持。

---

1 农发组早期成员记得有（记忆可能不完全）陈一谘、何维凌、孟繁华、张木生、王小强、白若冰、王小鲁、邓英淘、罗小朋、王彦、周其仁、陈锡文、杜鹰、白南生、白南风、赵小冬、宋国青、李凌、高王凌、高小蒙、杨冠三、孙方明、谢扬、徐宽、毛挥、黄晓京、袁崇法、张阿妹、马苏元、江北辰、梁小冬、王文仲等，参与过初期活动的还有王岐山、翁永曦、黄江南、朱嘉明等。农发组在建立过程中得到了中国社会科学院农业经济所副所长王耕今、北京大学经济学系总支书记杨勋等人无私的支持。

1981年2月一个寒冷的冬日，农发组在北京大学宣告正式成立，三十多位热衷于农村改革和发展的中青年学者聚集在北大招待所参加了成立会。当时的国家农委副主任杜润生和中央书记处研究室主任、中国社会科学院副院长邓力群都到会讲话表示了支持，中央书记处研究室还拨出2万元经费支持农发组进行农村调查。杜润生在讲话最后充满期望地说："同志们，八亿农民期待着你们！"[1]

此前和此后，农发组先后由成员单独承担或集体组织在安徽肥西、滁县、凤阳、安庆，甘肃兰州、渝中、定西，四川南充、江津、甘孜，江西吉安，广西梧州、赣州，贵州安顺、关岭、镇宁、都匀、荔波，山西原平，浙江金华、东阳、义乌，以及西藏、广东、江苏、上海、山东、河北、湖北、湖南、福建、陕西等多地农村进行了实地调查。成员们在开始两年没有编制、没有工作报酬的情况下豪气冲天，走遍村落田间，夜以继日工作，到农民家里促膝谈心，在生产队和社员干部座谈，走访各级政府交流意见，足迹遍及大半个中国，收集了大量案例和数据信息，撰写了大量调查报告。这些报告不仅详述和肯定了当时部分地区农村实行包产到户取

1　两篇讲话和农发组的一批早期研究成果见中国农村发展问题研究组编印的《农村·经济·社会》（1981年卷）（中国农村发展问题研究组集刊，后由知识出版社重印）。相关情况可参见柳红《八〇年代：中国经济学人的光荣与梦想》，广西师范大学出版社，2010，第407~426页。当时社会科学院负责人对农村包产到户改革的态度已经发生了明显的变化，从"不许"转向了积极支持。据记载，此前邓小平在1980年5月与胡乔木、邓力群谈话时肯定了安徽肥西县和凤阳县包产到户的做法，指出"一些适宜搞包产到户的地方搞了包产到户，效果很好，变化很快。有的同志担心，这样搞会不会影响集体经济。我看这种担心是不必要的"。见中国经济体制改革研究会编写组《中国改革开放大事记（1978~2008）》，中国财政经济出版社，2008。

得的显著成绩、农村发生的变化，而且针对当时农村经济存在的各方面问题进行了深入的剖析。

这些报告，有些呈送中央和各党政职能部门参考，有些在内部刊物或者公开报刊上发表，有些集结成书。1981 年农发组的安徽滁县地区农村调查报告呈交中央后，总书记胡耀邦说："这是经得起检验的东西。"国务院总理赵紫阳在报告上批示说："这个报告把'包产到户'以后的情况讲得一清二楚，建议各省委书记、省长一阅。"[1]大量的调研工作把农村的方方面面情况如实记录整理出来，并进行了大量分析，给改革领导者和各级政府工作提供了来自基层的丰富信息和政策参考依据，对体制内外那些受传统意识形态观念束缚而对改革充满疑虑甚至抵制反对的人有很大的说服作用，直接推动了农业"包产到户"改革一步一步在全国铺开。

后来，随着改革从农村向全国各领域扩展，80 年代中期，农发组的成员大部分进入了两个研究机构——隶属于国家体改委的中国经济体制改革研究所和隶属于中央书记处的农村政策研究室及国务院农村发展研究中心的发展研究所，在不同的改革领域发挥了重要作用。2008 年，为农村改革做出了杰出贡献的杜润生和中国农村发展问题研究组共同获得了中国经济理论创新奖。

1983 年，又一个打破常规的新事物出现了。这就是"走向未来丛书"。该丛书由金观涛等发起，邀集了社会科学各界一批新锐

1　参见柳红《八〇年代：中国经济学人的光荣与梦想》，广西师范大学出版社，2010；各调查报告和研究报告见中国农村发展问题研究组编《农村·经济·社会——中国农村发展问题研究组集刊》1981 年卷、重印第 1~4 卷（知识出版社、农村读物出版社，1985~1988 年版）。

中青年学者参加编委会[1]，出版了一批介绍、翻译、编译国外科学和社会科学的著作以及国内学者的新著，由四川人民出版社出版。发起人金观涛、刘青峰夫妇俩当时是三十几岁的青年学者，1980年初在《贵阳师范学院学报》分两期发表了一篇题为《兴盛与危机——论中国社会超稳定结构》的论文，引起学术思想界轰动。"走向未来丛书"以介绍科学思想和推动文艺复兴为使命，内容涉及经济、哲学、文学、艺术、历史、宗教、科学学、社会学等，每本小书 10 万字左右，很适合青年读者快速阅读。

"文革"时期，中国与国外思想界几乎完全隔绝，全国只有少数人能够看到一份选译各国媒体报道的报纸《参考消息》，极少数高级干部可以看到作为秘密文件翻译国外信息的《参考资料》，绝大多数人对国外情况一无所知，只能相信当时官方媒体宣传的世界上除中国、朝鲜、阿尔巴尼亚等少数几个国家外的三分之二劳动人民都"生活在水深火热之中"，"忍受剥削压迫"，等待我们去解放。在社会科学领域，学者和学生们除了马克思、恩格斯、列宁、斯大林、毛泽东的著作和官方编写的宣传性读物，再无任何东西可读。"走向未来丛书"的出版，为青年读者打开了一扇通向世界的窗户，在全国青年学者和学生中掀起了巨大的波澜，使他们能够接触到世界近现代人类共同的文明成果，对当时的思想解放运动有重

1　最初的主编为包遵信，副主编为金观涛、唐若昕，编委有王岐山、王小强、王小鲁、尹蓝天、刘青峰、乐秀成、朱嘉明、朱熹豪、阮芳赋、何维凌、严家其、陈子伶、易小冶、张钢、贾新民、陶德荣、翁永曦、黄江南、董秀玉、樊洪业、戴士和。后来由金观涛任主编，陈越光、唐若昕任副主编，编委又增加了丁学良、王军衔、王炎、刘东、秦晓鹰等。

大贡献。第一批"走向未来丛书"于 1983 年由四川人民出版社出版，1984 年再版，包括如下著作和译作。

《在历史的表象背后——对中国封建社会超稳定结构的探索》，金观涛著。

中国学术界（不仅史学界）高度关注的一个问题是中国历史上经济长期停滞，近代日益衰落，沦为列强瓜分的对象。普遍接受的解释是认为长期的封建社会束缚了经济发展。但封建社会为什么能够长期延续不衰，仍是困扰学术界的问题。金观涛该书用控制论的观点分析了中国历史上维持两千年的封建社会结构，提出该结构是由大一统的官僚政治、地主经济和儒家文化这三个子系统组成的"超稳定系统"、具有自身修复功能的假说。该书引发了读者广泛的兴趣和讨论。

《让科学的光芒照亮自己——近代科学为什么没有在中国产生？》，刘青峰著。

《人的发现——马丁·路德与宗教改革》，李平晔著。

《激动人心的年代——世纪之交物理学革命的历史考察和哲学探讨》，李醒民著。

《现代物理学与东方神秘主义》，灌耕根据 F. 卡普拉《物理学之道》编译。

《看不见的手——微观经济学》，杨君昌编著。

《经济控制论》，何维凌、邓英淘编著。

《增长的极限——罗马俱乐部关于人类困境的研究报告》，丹尼斯·米都斯等著，李宝恒译。

《现实与选择——当代中国工业的结构与体制》，朱嘉明、吕政著。

《探险与世界》，于有彬编著。

《GEB——一条永恒的金带》，乐秀成编译。

这套书上市后一售而空，成为青年读者争相抢购的热点。1984年再版时每本书的印数就从1万多册猛增到7万~15万册，此后在1985~1988年又陆续出版了六十多本书。这里仅列出其中一部分：

《人的现代化》，[美]阿历克斯·英格尔斯等著，殷陆君编译。

《没有极限的增长》，朱利安·林肯·西蒙著，黄江南、朱嘉明编译。

《西方社会结构的演变》，金观涛、唐若昕著。

《择优分配原理》，茅于轼著。

《第三次数学危机》，胡作玄著。

《凯恩斯革命》，杨君昌编著。

《西方文官系统》，杨百揆、陈子明、陈兆钢、李盛平、缪晓非著。

《动态经济系统的调节与演化》，邓英淘、何维凌编著。

《富饶的贫困》，王小强、白南风著。

《定量社会学》，郭治安、姜璐、沈小峰编著。

《儒家文化的困境》，萧功秦著。

《日本为什么成功》，[日]森岛通夫著，胡国成译。

《悲壮的衰落》，金观涛、王军衔著。

《弗洛伊德著作选》，约翰·克里曼编，贺明明译。

《梁启超与中国近代思想》，约瑟夫·阿·勒文森著，刘伟、刘丽、姜铁军译。

《新教伦理与资本主义精神》，［德］马克斯·韦伯著，黄晓京、彭强译。

《信息革命的技术源流》，宋德生著。

《增长、短缺与效率》，［匈］亚诺什·科内尔著，崔之元、钱铭今译。

《走向现代国家之路》，钱乘旦、陈意新著。

《计量历史学》，［苏］科瓦利琴科主编，闻一、肖吟译。

《社会研究方法》，［美］艾尔·巴比著，李银河译。

《发展社会学》，胡格韦尔特著，白桦、丁一凡编译。

《以权力制约权力》，朱光磊著。

《人心中的历史》，刘昶著。

《社会选择与个人价值》，［美］K.J.阿罗著，陈志武、崔之元译。

《马克斯·韦伯》，［英］弗兰克·帕金著，刘东、谢维和译。

《人的哲学》，金观涛著。

《现代化的动力》，［美］C.E.布莱克著，段小光译。

《科学家在社会中的社会角色》，约瑟夫·本－戴维著，赵佳苓译。

《平等与效率》，［美］阿瑟·奥肯著，王忠民、黄清译。

《理性主义》，陈宣良著。

《卖桔者言》，张五常著。

以上所列关于《未定稿》、"农发组"和"走向未来丛书"的情况，只是 80 年代思想解放过程中的几个重要案例。没有这样一场思想洗礼，很难想象人们能够从"文革"制造的思想牢笼中解放出来，投入改革的大潮。思想解放是 80 年代体制改革能够推进的极其重要条件。

3. 特区试验和沿海开放

改革前，国内实行严格的计划经济体制，经济自给自足，与国际市场基本隔绝。全部进出口都由政府控制，只是对经济一个非常次要的补充。当时实行市场经济和自由贸易港制度的香港，人均 GDP 按购买力平价计算是中国内地的 10 倍左右。广东省毗邻香港的地区由于经济发展缓慢，农民生活极其穷困，每年都有大批农民越境逃往香港，成为当地官员一个极为头疼的问题。界河两岸的巨大经济差距，也使他们中的有识之士不断反思计划体制的弊病，寻找改革之路。

1977 年 11 月邓小平到广东视察，就提出了利用毗邻港澳的条件建立出口基地，并解决相关政策问题的设想。这引发了一系列行动。1978 年 4 月，国家计委考察组提出了在宝安和珠海两县建设外贸出口基地的具体设想。11 月，时任广东省委第二书记（后任第一书记）的习仲勋在中央工作会议上提出，要求中央允许广东省吸收港澳和海外华侨投资开展来料加工和补偿贸易。同时，交通部香港招商局常务副董事长袁庚也向中央提出了在宝安县建立蛇口工业区，区内实行市场经济制度的建议，并于 1979 年 1 月获得中央批准。同时，中央决定设立深圳市和珠海市。2 月，省委书记吴南生又提出了在汕头设试验区发展对外贸易和来料加工的建议。1979 年 4 月，广东省委第一书记习仲勋、第二书记杨尚昆进一步向中央汇报，建议在深圳、珠海、汕头建立出口加工区，获得邓小平支持，并提出增加厦门。1979 年 7 月，中央和国务院决定在该四市建立出口特区，后改名为经济特区，特区内按市场规则运行，实行自由贸易政策和优惠的外商投资政策。这打破了长期的意识形态禁锢，大胆将"资本主义"引进了特区。[1]

结果在几年间，四个特区的外商投资和进出口贸易均大幅度增长，引进外资形成的出口加工业为全国提供了示范，特区经济快速发展，全国各地方政府和职能部门纷纷到深圳等特区设立窗口机构，学习深圳经验，建立通过香港与世界沟通的资金和贸易渠道。1980~1985年短短5年内，深圳市GDP按不变价格增长了6.8倍，珠海增长了4倍，厦门增长了1.2倍，汕头增长了78%。[2]特区还吸引了大量外来劳动者就业，并为他们提供了高于其他地区的收入。特区成为全国经济的领跑者，初期试验取得了显著成功。事实证明那种"外国资本进来，中国会退回半殖民地社会"的恐惧是多余和脱离实际的担心。

中国在1949年之前是个贫困的农业国，市场经济发育程度很低，一部分城市经济还具有半殖民地的色彩。1949年后多年的计划经济实践，更是与市场经济完全隔绝。因此在改革初期，市场经济对大多数人来说是一个非常陌生并有负面含义的词语，很少有人对其有完整的认识。在这种情况下，四个经济特区当时的发展还起了一个重要作用，即作为市场经济的试验田，给全国人民提供了鲜活的范例，因此促进了市场化改革。

1　参见百度百科"经济特区""深圳蛇口工业区"词条；腾讯新闻：《习仲勋主政广东纪事：主导深圳等经济特区建立》；360个人图书馆：《从"宝安"到"深圳"：第一个经济特区是如何选定的》等。

2　数据分别来自深圳市、厦门市、珠海市、汕头市统计局网站。

1984 年，中共中央和国务院决定将特区的部分开放政策扩展到上海、天津、青岛、大连、广州等 14 个主要沿海城市，吸引了一批外商和港澳台商来沿海投资建立出口加工企业，促进了沿海的出口加工业和外贸的迅速发展。四个经济特区的建立还只是起了示范作用，而沿海城市的开放涉及中国的整个东部沿海地区的主要城市，对中国经济的发展产生了重要影响。

1987 年 10 月，当时在国家计委工作的青年学者王建提出了在整个沿海地区实行"国际大循环经济发展战略"，利用劳动力资源丰富的优势大力发展出口加工业的建议，得到国务院总理的高度肯定，随后国务院于 1988 年 3 月出台了一系列促进沿海地区发展外向型经济的具体政策。

对外开放、吸引外商投资在当时之所以至关重要，是因为在经历了长期的经济封闭后，中国与世界市场几乎完全隔绝。人们不仅普遍不了解市场经济，不懂得如何在市场上经营企业，更对世界市场一无所知。外商和港澳台商前来大陆（内地）投资，一方面传递和示范了较为先进的企业经营技能和生产技术，另一方面也沟通了大陆（内地）与世界其他经济体之间的联系，帮助中国开启了通向世界的大门。

对外开放也给中国提供了巨大的发展机会。1985 年，中国人均年工资水平只有 1148 元人民币（合 386 美元）。农村还有数亿剩余劳动力，收入水平更低。低工资和劳动力充裕是中国的潜在优势，但由于过去经济封闭，没有得到充分利用。通过对外开放，引进外资、发展对外贸易和出口加工业，这些劳动力资源得到了充分利用，创造了收入，也推进了经济增长。特区和沿海开放地带的外向型产业，带动了大量乡镇企业和个体私营企业发展，吸纳了大量劳动力就业，推动了居民收入增长，同时也引进了国外的管理经验和适用技术，对内资企业也是一个促进。这成为当时促进经济增长的一个重要因素。中国廉价的劳动密集型产品，也逐渐显现出强大的竞争力，在世界市场上占有越来越大的份额。

改革开放前夕的 1977 年，全国进出口总额为 148 亿美元，按当时官方汇率折算相当于 GDP 的 8%；1984 年达到 535 亿美元，相当于 GDP 的 17%；到 1990 年更提高到 1154 亿美元，相当于 GDP 的 29%。进出口贸易顺差由 1977 年的 4 亿美元上升到 87 亿美元。1990 年，全国进出口贸易总额中，38% 来自出口加工业，说明对外开放带来了出口加工业的快速增长。据两次全国工业普查资料，1985 年外商和港澳台商投资、合资的工业企业还仅占工业总产值的 0.4%，到 1995 年占工业总产值的比重已上升到 17%。[1]

4. "财政分灶吃饭"和地方政府竞争

改革前，地方政府没有自主权，地方财政收支由中央核定，一年一定。虽然 1971 年以后允许地方财政结余可以留用，但仅限当年有效，地方的机动财力十分有限，财权基本上集中在中央手里。地方发展只能靠中央列入计划。而中国这样一个大国，各地情况千差万别，完全靠中央政府定计划、发指令，根本无法适应各地的实

1　数据见国家统计局历年《中国统计年鉴》；国务院全国工业普查领导小组办公室《中华人民共和国 1985 年工业普查资料（第三册·全部工业企业）》，中国统计出版社，1987；第三次全国工业普查办公室《中华人民共和国 1995 年第三次全国工业普查资料汇编（综合·行业卷）》，中国统计出版社，1997。

际需要。1980 年，国务院推行了称为"财政分灶吃饭"的初步财政体制改革，把财政收入按企业的隶属关系划分为中央固定收入、地方固定收入和中央地方分成收入，预算盈余按比例上交中央，五年不变。这使地方政府有了一定的财权，从而激发了地方政府发展经济的积极性。

如果说，"财政分灶吃饭"是一次中央政府对地方政府下放权力的改革，只是政府内部资源配置权限的重新分配，那么改革并未到此为止，因为紧接着于 1983~1984 年实行的两步"利改税"，就是各级政府向企业转移资源配置权的改革。"利改税"将原来国有企业利润全额上交制度和改革开始时试行的比例上交、定额上交等制度，改为国际通行的企业所得税制度，使企业能够名正言顺地支配自己的税后利润，是迈向市场化的重要一步。"利改税"之后，企业的自主权扩大了，政府控制资源的比重在继续下降，政府和企业之间的关系也相对规范化了，这是形成市场的关键条件。不过，因为改革要顾及历史格局的延续性，当时不同类别的企业所得税税率还各不相等：特区的外资企业享受 15% 的特殊优惠税率；其他地区外资企业的税率为 30%；国有大中型企业的税率则高达 55%。因此这只是从国有企业利润全额上交转向各类企业同等纳税的一个过渡状态。到 1993 年，所有内资企业的所得税税率才统一为 33%。2008 年，全部企业的所得税税率才统一到 25%。

这里值得提及的是，向地方政府下放经济权力，在改革前就有过尝试。1956 年毛泽东在《论十大关系》中，就提出了"扩大地方的权力""发挥中央和地方两个积极性"的主张，后来在"文革"

期间又批判了"条条专政",推行过"块块为主、条块结合"的管理方式,意在调动地方的积极性。[1] 这本来很有积极意义,但当时的放权只是在政府内部进行的权力分散化,并不涉及从政府行政调控转向市场调控的问题;相反还在不断批判"资本主义道路",铲除私人经济,把企业和个人的任何自主获利行为都当作资本主义倾向进行严厉打击。不改变计划经济体制,政治上高度集权,却向地方分散经济控制权,打乱了计划,也是导致"大跃进"时期经济无政府状态和混乱的原因之一。

改革期间的"放权让利"情况显著不同。在"财政分灶吃饭"的同时,市场开始形成,价格已经出现局部的市场化,乡镇企业和个体经济已经在按市场规则运作。推行了扩大企业自主权改革的国有企业也开始在边际上接受市场调节。"财政分灶吃饭"的改革,使过去被动服从中央和上级政府的各级地方政府有了自主发展本地经济的积极性,通过部分参与市场活动(例如进行计划外的投资),地方经济能够较快发展,也带来了地方财政收入提高。但随后进行的两步"利改税"改革,才实质性地调动了企业的积极性,为市场经济的发展准备了初步条件。

向地方放权具有两面性。"财政分灶吃饭"后,地方政府之间逐渐形成了互相竞争的格局。这种地方政府间的竞争或许在世界上没有完整先例。在成熟的市场经济体制中,市场竞争的主体是企业,

---

1 "条条"指从上到下垂直管理的各职能部门,"条条专政"指在经济活动中实行权力集中,由中央通过各职能部门进行管理。"块块"指由各地方政府管理的不同行政区域,"块块为主"意味着中央把相当大的一部分经济管理权限下放给地方政府。

它们是球场上的运动员；政府只能担任裁判员的角色，决不能同时既是裁判又入场踢球。但在改革初期阶段，地方政府参与竞争确实起了一定的积极作用。这是因为当时国营企业仍主要受计划经济体制的支配，远不适应市场竞争的要求；市场导向的乡镇企业虽然已在快速发展，但整体规模还较小；民营企业当时还没取得合法地位，个体经济只在边际上促进了市场流通。因此，当地方政府有了一定的自主权后，开始在市场引导下，竞相在短缺生产领域进行投资，同时大力吸引外资，鼓励国内投资，在当时确实推动了地方经济发展。这可以比喻为刚刚组织了球队，球员不够，裁判不得已也作为临时队员入场踢球。虽然很不规范，但毕竟使球赛能够进行。

这些地方投资大部分是受市场引导的，是自主进行的，与过去下级政府按上级指令进行的投资有显著不同。例如，改革初期纺织服装、家用电器、建筑铝型材等产品一度供不应求，带来很高利润，一些地方政府便抓住机会进行投资，或吸引外商来当地投资，这一度对改善消费品供应、促进供求平衡起了好的作用。

中国地方政府参与竞争的模式在世界上可能是独一无二的。基本原因是改革刚开始，市场还没有充分发育，需要政府起某些替代作用，客观上政府和市场的关系也没有清楚的界定。另一个重要原因是中国国土广袤，80年代中期全国有20多个省级行政区，约300个城市、2000个县、9万个乡镇；地方政府的数量多到足以形成互相竞争的局面。笔者当时在各地考察中发现，层级较低的地方政府，对参与竞争的态度和参与效果都更加积极。这是因为这些地方政府手中可支配的行政资源有限，也缺乏行政垄断的能力，不得不服从市场调节，因此在市场上扮演了一个平等竞争者的角色。

例如，笔者在江苏的苏州、无锡、常州地区的乡镇企业调查中看到，乡镇政府在某种程度上扮演了下属乡镇企业的总公司角色，直接从事经营活动，或者由乡镇政府成立一个总公司，把多家乡镇企业组织起来，积极参与市场竞争。它们比单个的乡镇企业（或私人企业）调度资源的能力更强，但不能操纵价格，不能垄断市场，参与竞争的劲头十足。相反，省市级的地方政府有较大的行政垄断权力和掌握更雄厚的资源，行为方式也往往较陈旧，常用行政手段干预市场，带有更多计划经济遗留的特征。县级政府的行为方式则常常处于上述两者之间。

但随着市场导向的民营经济越来越壮大，地方政府以竞争者身份弥补市场空缺的积极作用也渐渐退居其次，而其利用权力干预市场造成的弊病则越来越明显。突出的表现是，政府投资更着眼于扩大地方 GDP 规模，不大关心经济效益，投资成功皆大欢喜，投资错了决策者也不用承担失败的责任，因此过度借债、过度投资、低效率投资的现象不断发生。80 年代中期以后各地出现的排浪式投资，在扩大供给、满足市场需要的同时，也夹杂着大量重复建设和投资浪费。同时地方党政官员利用权力寻租，赚取物资差价、批地批项目收取回扣，甚至直接贪污公款的情况也层出不穷。这又进一步刺激了地方政府干预市场、参与投资的"积极性"。这种现象一直延续到近期，并成为导致结构失衡的重要因素。一个最突出的例子是，2008~2010 年各级地方政府纷纷建立融资平台，疯狂借债投资，导致了严重产能过剩、房地产建设过度和不良债务大量堆积。因此，随着市场体系的发展，政府除了在市场失灵的领域要承担主要责任外，有必要从对资源配置的大量干预中退出来，从市场活动的参与者转向仲裁者和服务者的角色。裁判下场踢球的情况绝不应当再继续下去了。

5. 创造一亿就业岗位的乡镇企业和个体私营经济

80 年代最初的农业改革提高了劳动生产率，但耕地是有限的。中国只有 20 亿亩耕地，而 80 年代中期农村有 8 亿人口、3.5 亿劳动力，劳均不到 6 亩地。地不够种成为普遍现象，大量农业劳动者成为剩余劳动力。于是随着政策限制放宽，利用剩余劳动力从事非农业生产的乡镇企业（早期称为社队企业）在农村蓬勃发展起来，一度成为推动经济增长加速的重要力量。当时城市改革尚未展开，国营企业仍然缺乏效率，而乡镇企业完全根据市场需要进行生产，迅速填补了市场空缺，提高了收入，成为市场化改革的先头部队。

改革前，工业和服务业基本上是国营经济一统天下。按占工业总产值的份额计算，1977 年国营企业占 77%，其余 23% 都是集体所有制企业，其中除少部分来自农村社队企业外（乡镇企业的前身），大部分来自城市集体所有制企业，后者隶属于地方政府，与国营企业没有多大差异。在人民公社时期，政策允许农村人民公社和生产大队办企业，但其经营范围严格限制在农机农具修造和一部分农副产品加工领域。

改革时期，政策放宽了，允许乡镇企业进入大部分生产领域，于是乡镇企业在市场引导下，向当时供应短缺的消费品生产领域大举进军，为消费者生产价格低廉的服装、鞋袜、儿童玩具、日用品等产品，迅速缓解了长期以来消费品供应不足的局面。还有一部分乡镇企业进入了能源、原材料、机械零部件、电子元器件等生产资料领域，促进了这些行业的发展。由于劳动力成本低，对市场需求反应迅速，乡镇企业成为当时经济中充满活力、发展最快的部分。当时除了个别情况下地方政府为帮助乡镇企业发展，给乡镇企业供应部分计划内的原材料等，在绝大多数情况下乡镇企业经营与政府的计划无关，企业必须自己筹集资金、自己寻找原材料、自己在市场上销售产品，因此乡镇企业的经营与发展是完全以市场为导向的。

笔者曾于 80 年代中期参与了中国社会科学院和世界银行合作进行的乡镇企业调查和多次其他调查，深入调查过各地数十家乡镇企业，亲眼看到那些昔日的农民怎样迅速走向市场成为产业新军，成为经济的重要支柱，并深为农民迸发出的学习能力、创造能力和吃苦耐劳精神所震撼。

在江苏无锡，笔者目睹了乡镇企业的异军突起。农民们从上海请来国营企业退休技工和工程师作为他们的技术指导或企业领导，生产出了质量不亚于国企，却更物美价廉、适应市场需要的产品。他们还创造了一套收入分配制度，把工人的劳动报酬与企业绩效挂钩，收益共享，有效激发了劳动者的积极性，使乡镇企业产出连年以 20% 左右的速度增长。下面是从笔者当年调查笔记中摘出的一段记录：

1986 年 6 月 24 日，无锡县天线厂（南桥村，村办企业），张厂长：本厂于 1979 年建立，初始投资 21 万元，是由生产大队投的。当时厂里只有十几个职工，到 1985 年发展到职工 320 人，大部分是本村的村民。其中技术人员 8 人（包括外聘的工程师和技师），科室管理人员 38 人。有 8 个车间和 6 个科室，包括生产、计划、技术、财务、质量管理、动力。此外还有测试室和化验室。现有固定资产净值 140 万元、流动资金 87 万元，基本上是靠企业留利滚起来的。全部为自有资金，没有用银行贷款。1985 年实现产值 583 万元，税利 206 万元，其中净利润 157 万元。

在浙江义乌、东阳、永康，笔者看到昔日的庄稼地上出现了产品远销全国各地的小商品、服装、五金衡器批发市场，不少国外客商也来到这里大批采购乡镇企业产品，乡镇企业产品打入国内国外市场。

在四川南充、江津，农民在粮食作物包产到户的同时办起了果园和良种奶牛场，其收入提高了几倍。

在山西原平，一位眼光远大的乡镇煤矿矿长不仅想到采煤，还想到了维护生态环境和未来 20 年煤炭资源枯竭后怎样持续发展，带领企业职工把煤矿所在地的荒山改造成大面积的林场。

在这些调查中，笔者和合作者们获得了关于乡镇企业的大量有价值信息，并进行了多方面研究。其中，由中国社会科学院经济研究所和世界银行合作组织的一批中外专家于 1986~1987 年对江苏无锡、广东南海、安徽界首和江西上饶四县近 80 家乡镇企业进行了深入访谈和详细的问卷调查，并从当地政府收集了大量信息和地方统计资料。这次调查形成了 20 篇专题研究报告，结集成书，分别由中国社会科学院和世界银行以中、英文出版。在这批研究报告中，中外专家对乡镇企业的发展做出了高度评价，并从多方面研究了乡镇企业的发展状况、所有制结构、分配制度、经营状况和绩效、劳动力和工资制度、企业与基层政府的关系、企业制度的国际国内比较等，成为研究乡镇企业发展的一批珍贵资料。[1]

乡镇企业的发展当时也引起了党政领导机关内许多激烈争论。有些"权威人士"认为，乡镇企业布局分散、难以形成经济规模，且与国营企业争原料、争资金，搞乱了经济，打乱了国家计划，应当严格限制。但事实胜于雄辩，乡镇企业市场导向的制度优势胜过了布局劣势，表现出比国营企业更高的效率。当时的党中央和国务院采取了放宽限制、支持乡镇企业发展的政策。事实证明，这一政策是正确的。市场导向的乡镇企业发展不仅给农民提供了就业机会和更高的收入，同时提供了大量市场短缺的消费品，改变了当时中国经济重工业比例过高、轻工业发展不足、消费品严重短缺的结构失衡状况，满足了消费者的需求。

所谓乡镇企业"与国营企业争原料、争资金""搞乱了经济"的说法，其实是站在国营经济独家垄断的立场上戴着有色眼镜的判断，根本经不起推敲。但"布局分散、难以形成经济规模"的批评并非没有道理。乡镇企业通常规模很小，而且广泛分布在农村地区，村村点火，处处冒烟，有很多地方交通不便、运输困难，当然就会带来经济不成规模、布局不合理、运输成本高等问题，

1　研究成果见中国社会科学院经济所林青松与世界银行威廉·伯德主编《中国农村工业：结构、发展与改革》，经济科学出版社，1989。该书收录了包括本书作者在内的 19 位作者的 20 篇论文，全部基于对乡镇企业的实地调查。英文版由世界银行出版，见 William A. Byrd and Lin Qingsong（eds），*China's Rural Industry: Structure, Development, and Reform*，World Bank Publication，1990。

有些还造成了污染。尽管有这些缺点，乡镇企业还是取得了远胜于国营企业的发展成果。原因在于当时城市经济改革还没有取得显著成效，国营企业效率低的现象仍然普遍存在，而乡镇企业利用市场资源、按市场需求进行生产，以及利润导向、工资与绩效挂钩等强有力的激励机制带来的效率优势，远胜过了计划经济体制下垄断性国营企业的先天优势，在当时也补偿了其自身规模小、布局散的短板。

当时农村居民收入还很低，劳动力大量剩余，因此乡镇企业只要付很低的工资就高于农民的农业收入，不但能获得源源不断的劳动力供应，而且提高了农民的收入水平，这成为当时乡镇企业竞争力强的一个重要原因。乡镇企业的灵活用工也是使它们颇具竞争力的一个有利因素，工人在企业产品销路好时可以加班加点工作，销路不好时就回家务农，大大节省了工资成本，使乡镇企业产品保持了低廉的价格。当然，后来随着经济全面市场化，乡镇企业与城市的民营企业相比，布局分散、交通不便、规模偏小、人力资源缺乏、技术投入不足等短板也日益显现出来，因此逐渐退出了历史舞台，有些则转移到城市继续发展，成为现代化的大型企业。农民从"离土不离乡"的当地就业模式，转变为到城市打工的既离土又离乡的就业模式。这主要是 1990 年代中期以后发生的事。

图 3 是 80 年代初江苏无锡的一家乡镇企业的外景照片，图 4 是笔者摄于 2008 年的一家现代的无锡乡镇企业外景，图 5 是无锡原村民的一处住宅区，笔者摄于 2008 年。可以看到其间发生了翻天覆地的变化。

图 3　早期江苏无锡的一家乡镇企业外景

资料来源：作者拍摄。

图 4　2008 年无锡一家乡镇企业外景

资料来源：作者拍摄。

图 5 2008 年无锡原村民的一处住宅区
资料来源：作者拍摄。

从 1977 年到 1988 年，全国乡镇企业就业人数从 2328 万人
迅速增长到 9545 万人，占全国就业人数的比重从 5.9% 上升到
17.6%，乡镇企业的所有制构成也逐渐多元化，从一开始的集体所
有制企业逐步扩大到包含个体和私营经济（一部分乡镇企业由个人
承包，有些私营企业得到乡、镇、村授权使用乡镇企业的名称）。
这一时期乡镇企业非农业总产值占全国社会总产值的比重从 6.7%
提高到 21.4%。剔除某些数据失真的因素，推算这期间乡镇企业增
加值的年增长率在 19% 左右，远远快于国有经济的增速。80 年代
后期，城市个体和民营经济也在开始发展，但较多的民营企业为了
规避政治风险，取得许可注册为集体所有制企业。乡镇企业和城市
民营经济合计，使 80 年代全国 GDP 年均增长率提高了 2.5 个百分
点，是增长加速的主要动力来源。它们的发展不仅增加了就业和农

民收入，同时也迅速改变了轻重工业结构失衡、消费品严重短缺的状况。[1]

在 80 年代中期城乡大量出现的个体经营者中，少数经营者逐渐做大，实际已经发展为私营企业。党政高层有部分人认为这"违背了社会主义方向""导致资本主义"，屡屡提出要取缔私营企业。当时的中央书记处研究室还曾经派人到各地调查和收集材料，证明私营企业带来了"剥削"，私营企业主大都是"文革"期间的"三种人"[2]，建议予以取缔。事后有证据证明这些"调查"结论在先，材料不实，有很大的误导性。这些建议没有被党中央和国务院采纳。1987 年，中共十三大正式肯定了私营经济的积极作用，1988 年国务院公布了《中华人民共和国私营企业暂行条例》，确立了其合法地位。

但 1989 年以后，改革一度遭遇困难。1989~1991 年，出现了政策收紧、打压非国营企业的现象，乡镇企业和私营企业发展急剧减速，就业下降。尽管如此，1990 年乡镇企业仍有 9265 万人就业，城乡个体经济从业 2105 万人，私营企业从业 170 万人。三者合计从业人员达到 1.15 亿人，超过了国营经济 1.03 亿人的就业规模（其中非农业乡镇企业数据见表 6）。

在工业中，1990 年非国营企业（包括乡镇企业、城乡个体和私营企业、城镇集体企业、外商和港澳台商投资企业等）合计产

---

1 数据见农业部乡镇企业司 1986 年和 1991 年《乡镇企业统计资料》，农牧渔业部印刷；国家统计局历年《中国统计年鉴》。本节下同。对乡镇企业增加值的增长和对经济增长的贡献是笔者根据统计数据的估算结果。

2 这是当时的一个政治术语，指"追随林彪、江青反革命集团造反起家的人，帮派思想严重的人及打砸抢分子"，总之是一群"坏人"。

值超过 1 万亿元，占工业总产值的比重从 1978 年的 23% 上升到 45%。其中，乡镇企业占了主要部分。这意味着中国经济中市场导向的部分越来越壮大。

表 6　乡镇企业的早期发展

年份	非农乡镇企业就业人数（万人）	占非农就业比重（%）	非农乡镇企业总产值（亿元）	占非农业社会总产值比重（%）
1978	2218	18.7	457	6.7
1988	9295	41.8	6380	21.4
1990	9029	39.8	8319	26.9

注：乡镇企业缺增加值统计，与其总产值统计对应的经济总量是社会总产值。表中都扣除了农业部分。

资料来源：国家统计局历年《中国统计年鉴》；农业部乡镇企业局历年《乡镇企业统计资料》。

6. 国营企业和国有银行初步走向市场

改革前，国营企业完全按国家计划进行生产，产品全部由政府统购包销，价格全部由政府制定，原材料全部由政府按计划供应。计划是按年制定、层层下达的，未必都符合实际需要，而在计划执行过程中，即便情况发生改变，计划任务也必须完成。这种僵硬的制度使供需之间很难衔接。有些产品严重积压，企业还在继续按计划生产；有些产品严重短缺，但只要计划不改，既不能提高价格，也无法增加生产。因此浪费和短缺长期并存。由于企业必须按政府计划生产，没有自主权，也没有主动性，只能推一推，动一动，被动执行上级命令，当然就严重影响了效率。

这一僵硬体制从 1978 年出现了松动。当时四川省选择 6 家地方国营企业开始进行扩大国营企业自主权的试验，允许试点企业超额完成计划的产品自行销售，不按计划调拨，价格可以随行就市浮动，从而使试点企业局部走向了市场。同时允许企业提取增长利润的一定比例用于生产发展基金、奖金和职工福利基金，使职工和管理者能够在付出努力后能得到回报。这给了国营企业初步的激励。

在此之前，国营企业在完成国家计划后不会有额外的动力和能力扩大生产。在完成计划任务后，工人上班时间在车间里下棋、打扑克是常态，工厂和车间领导对此通常视而不见。而进行扩权试验的企业，在完成生产任务后可以根据市场需要扩大生产，并获得收益，职工也能多拿奖金和改善福利，因此有了扩大生产和提高效率的积极性。这是在国营经济体系中首次引入市场调节的尝试，这项试验取得了初步成功，试点企业生产和效益都有明显提高，因而四川省的企业改革试点范围一再扩大。

1980年，国家经委决定在全国推行四川这项改革试验，全国试点企业达到6000家，并逐步扩大到全部国营企业。从此，国营企业开始部分地参与市场竞争，尽管与非国营企业相比在企业活力方面还有显著差距，但与过去相比，国营企业的主动性有了明显提高。当时企业超产的产品通常是市场供应短缺的产品，可以按高于计划价格的市场价格出售，这对企业是一个很大的激励。因为鼓励了短缺产品扩大生产，也就改善了市场供求关系。与此同时，在市场引导下发展起来的乡镇企业从一开始就按照市场价格运作。这样就出现了计划和市场并存、两种价格机制并存的局面，实际上已经出现了价格双轨制的雏形。在实践中，由于市场的激励机制推动生产不断扩大，而计划能够包揽的资源调配范围则基本保持不变，从而使国营企业接受市场调节的比例逐渐扩大，从原来的按计划生产逐步向市场导向转变。

与国营工商业企业改革相伴，国营金融体制的改革也在步步推进。改革前的计划经济时期，中国只有一家隶属于财政部、从事存贷业务的人民银行；一家隶属于财政部、专门负责国家基本建设拨款的建设银行；在人民银行管理之下，还设有一家专门负责外汇业务和外汇管理的中国银行。各银行的基本职责是按照中央计划分配资金，它们并非独立的商业银行，而是财政部的"钱口袋"。

改革开始的 1978 年，人民银行从财政部独立出来，同时行使中央银行和商业银行的职能。1979 年恢复了中国农业银行，同时中国银行从人民银行分离出来，建设银行从财政部分离出来，各银行走向独立经营。1984 年又成立了中国工商银行，承接了人民银行的存贷业务。人民银行则专门行使中央银行职能，于是形成了中央银行和各专业银行各司其职的局面。

在初期，各银行还是按专业领域分工的，各自在其领域享有垄断地位，各银行间只有很有限的业务交叉。从 1986 年起，在国家体改委和人民银行的主导下，开始推进专业银行的企业化改革，下放了业务经营权、资金调配权、利率浮动权，实行了利润留成制度。这样，各银行间逐渐出现了业务交叉，逐渐向商业银行的方向过渡，银行间开展了有限的市场竞争，出现了金融市场的最初雏形。

7. 莫干山会议和价格双轨制改革

1984 年 9 月，由一些中青年经济学者发起和组织，在浙江省莫干山召开了讨论改革的首次全国中青年经济学者讨论会。《经济日报》《经济学周报》等一些新闻媒体以发起单位的身份支持和参与，浙江省委、省政府等党政机构提供场地并给予其他有力支持，会议组织者向全国中青年经济学者征集参会论文，通过评选的方式，从全国各地应邀投寄的 1300 篇论文中评选出 124 位中青年学者邀请参会，连同发起和组织者、发起单位代表、受邀参加的中央各部委代表、浙江省特邀代表及新闻媒体记者等，共约 200 人参加了会议（部分参会人员名单见图 6 ）。笔者有幸作为会议组织和参加者之一，参与了会议的全过程。[1]

这次会议在改革史上成为一个标志性事件。其一，它是新中国成立以来首次由民间发起的全国性学术研讨会，又是首次以中青年学者为主体，以改革为议题，以公开征集论文、评选参会的方式组织的学术会议；评选不看资历，不凭关系，反复筛选，完全根据论文的学术质量评定。其二，会议获得了多家新闻媒体和官方机构的热情支持，愿意作为发起单位共同参与，还有一些部委代表参加会议，成为一次不同寻常的官民合办的会议，反映了全国中青年学者、新闻工作者和各级党政官员对改革的高度热情，成为官民对话、老中青对话、多方合作取得共识的一次改革的盛会。其三，会上讨论

1　会议的最初发起者有朱嘉明、黄江南、张钢、刘佑成，约 20 位中青年学者参与了会议的组织筹备和论文评选等工作。作为会议发起单位的有《经济日报》、《经济学周报》、《世界经济导报》、中央人民广播电台、《经济效益报》、《中国村镇百业信息报》、《中国青年》杂志、《中国青年报》、浙江省经济研究中心、浙江省社会科学院。浙江省委、省政府给予了很大支持，省长薛驹到会讲话。中央书记处农村政策研究室、中央书记处研究室、中宣部、中组部、国务院经济技术研究中心、国家经委、国家体改委等一些机构的党政官员也到会支持。详细记载可参见刘佑成《莫干山会议始末》，载《经济观察报》2018 年 6 月 18 日；常修泽《亲历莫干山会议的前前后后》，载《纵横》2018 年第 4 期；张钢《关于"莫干山会议"的若干背景情况》（未发表）；柳红著《八〇年代：中国经济学人的光荣与梦想》，广西师范大学出版社，2010。

了一系列关于改革的重要议题，其中一些来自中青年学者的意见和建议及时传送到中央，受到重视，对改革进程产生了重要影响，说

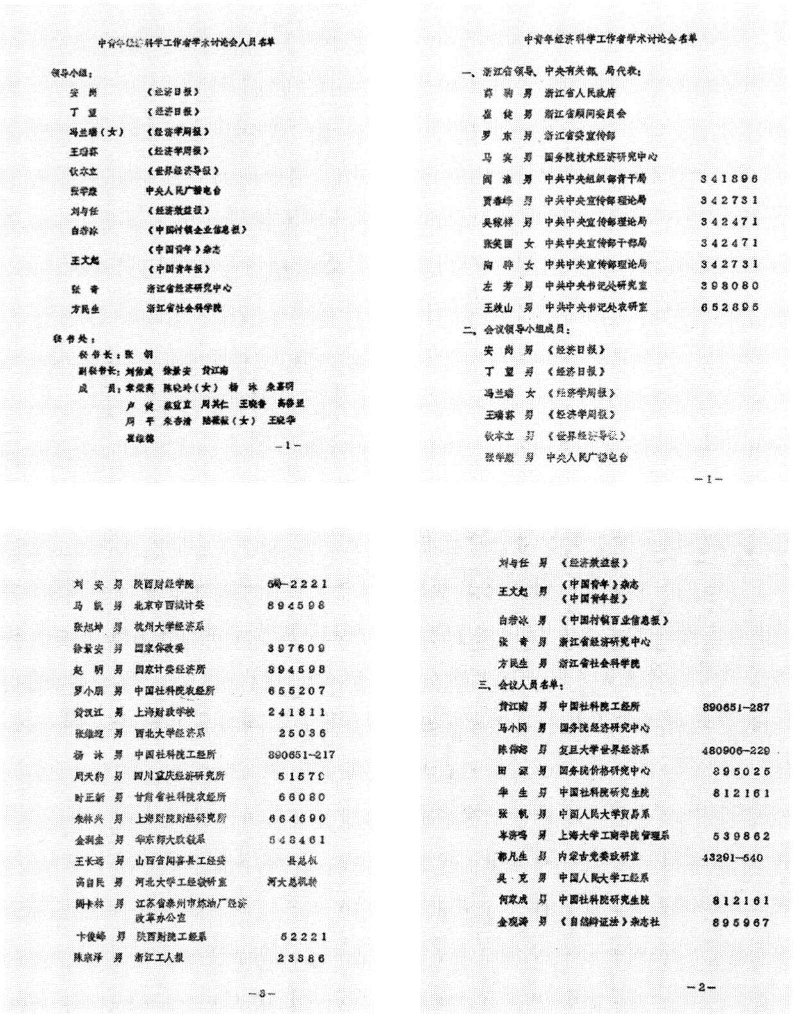

中青年经济科学工作者学术讨论会人员名单

领导小组：

安　岗	《经济日报》
丁　望	《经济日报》
冯兰瑞（女）	《经济学周报》
王瑞荪	《经济学周报》
钦本立	《世界经济导报》
张学焱	中央人民广播电台
刘与任	《经济效益报》
白若冰	《中国村镇企业信息报》
王文起	《中国青年》杂志 《中国青年报》
张　奇	浙江省经济研究中心
方民生	浙江省社会科学院

秘书处：

秘书长：张　钢

副秘书长：刘佑成　徐景安　黄江南

成　　员：章焕高　陈晓玲（女）　杨　沐　朱嘉明
卢　健　蔡重直　周其仁　王晓鲁　高善坚
周　平　朱杏清　陆薇薇（女）　王晓华
崔维德

—1—

中青年经济科学工作者学术讨论会名单

一、浙江省领导、中央有关部、局代表：

薛　驹	男	浙江省人民政府	
崔　健	男	浙江省顾问委员会	
罗　东	男	浙江省委宣传部	
马　宾	男	国务院技术经济研究中心	
阎　淮	男	中共中央组织部青干局	341896
贾春峰	男	中共中央宣传部理论局	342731
吴稼祥	男	中共中央宣传部理论局	342471
张笑丽	女	中共中央宣传部干部局	342471
陶　静	女	中共中央宣传部理论局	342731
左　芳	男	中共中央书记处研究室	398080
王岐山	男	中共中央书记处农研室	652895

二、会议领导小组成员：

安　岗	男	《经济日报》
丁　望	男	《经济日报》
冯兰瑞	女	《经济学周报》
王瑞荪	男	《经济学周报》
钦本立	男	《世界经济导报》
张学焱	男	中央人民广播电台

—I—

刘与任	男	《经济效益报》	
王文起	男	《中国青年》杂志 《中国青年报》	
白若冰	男	《中国村镇百业信息报》	
张　奇	男	浙江省经济研究中心	
方民生	男	浙江省社会科学院	

三、会议人员名单：

黄江南	男	中国社科院工经所	890651-287
马小冈	男	国务院经济研究中心	
陈伟恕	男	复旦大学世界经济系	480906-229
田　源	男	国务院价格研究中心	895025
华　生	男	中国社科院研究生院	812161
张　帆	男	中国人民大学贸易系	
孝济鸣	男	上海大学工商学院管理系	539862
郝凡生	男	内蒙古党委政研室	43291-540
吴　克	男	中国人民大学工经系	
何家成	男	中国社科院研究生院	812161
金观涛	男	《自然辩证法》杂志社	895967

—2—

刘　安	男	陕西财经学院	5局-2221
马　凯	男	北京市西城计委	894598
张旭坤	男	杭州大学经济系	
徐景安	男	国家体改委	397609
赵　明	男	国家计委经济所	894598
罗小朋	男	中国社科院农经所	655207
贺汉江	男	上海财政学校	241811
张维迎	男	西北大学经济系	25036
杨　沐	男	中国社科院工经所	890651-217
周天豹	男	四川重庆经济研究所	51570
时正新	男	甘肃省社科院农经所	66080
朱林兴	男	上海财院财经研究所	664690
金润圭	男	华东师大政教系	548461
王长远	男	山西省闻喜县工经委	县总机
高自民	男	河北大学工经教研室	河大总机转
周卡林	男	江苏省泰州市炼油厂经济改革办公室	
卞俊峰	男	陕西财院工经系	52221
陈宗泽	男	浙江工人报	23386

—3—

图6　莫干山会议参会人员名单的一部分

注：名单由作者保存。其中领导小组成员名单有重复。

第2章　如火如荼的80年代改革

明当时的改革不仅仅是由顶层高官关门设计、进行决策的过程，而且是集思广益、广泛吸收民间智慧、听取各阶层意见形成的结果。

　　会上，价格改革成为一个引起广泛关注的重要议题，引起了热烈的争论，形成了三派意见。一派意见主张价格管制应尽早放开，由市场进行调节；另一派主张计划价格仍然要占主体地位，但可以由政府调整价格，使之合理化（以上即"放派"和"调派"）；第三派综合了上述两派意见，提出价格改革"调放结合，以放为主"的设想，与会前已有的"价格双轨制"改革建议不谋而合。该建议被中央采纳。[1]其含义是一方面暂时保留计划价格体系以避免全局性震动，但通过价格局部调整使价格水平逐渐向均衡方向逼近；另一方面在部分领域放开价格管制，并逐步扩大市场价格调节的范围，从而向市场价格体系过渡。这一渐进式改革途径实际上已经在改革实践中开始萌芽，并已经取得了一定的成功，只是缺乏完整的理论阐述，因此这一思路很容易被从事实际经济管理工作的政府官员听懂和接受。会后，部分代表向国务委员、国家经委主任张劲夫做了汇报，并引起他极大的兴趣，迅速上报中央，得到国务院总理肯定的批示，后来成为价格改革的指导思想。

　　在实践中，价格双轨制的市场调节部分一方面发生在实行扩大企业自主权试验的国有企业部门，体现在它们超产的产品进入市

1　一些事后记述大多认为第一派意见以张维迎为代表，第二派以田源、周小川等为代表，第三派以华生、张少杰等为代表，徐景安也起了重要作用。但笔者最近重读了张维迎写于1984年4月、发表于6月并入选莫干山参会的论文，他明确提出了"价格双轨制"的改革构想，主张计划价格存量范围不变，逐步放开增量部分的价格管制，最终取消"牌价"。这是笔者所见最早的"价格双轨制"建议。上述价格改革贡献者于2011年获得了中国经济理论创新奖。

场，按市场价格销售；另一方面也早已出现在迅速发展的乡镇企业部门，因为这些非国有企业从来就没有被纳入计划调节的范围，价格一直随行就市，是经济中"自生自灭"的部分。市场价格调节的范围随着非国营经济在改革中的发展壮大而不断扩大，逐步替代计划价格调节，这成为价格体系向市场转轨的更大推动力。从1978年到1990年，非国营企业快速发展，其在工业总产值中的比重从22%上升到45%，这部分产出完全由市场价格调节。考虑到国营企业的生产也已经有相当部分是按市场价格在市场上销售，这意味着到80年代末工业产品中市场价格调节的部分已超过50%。

在当时和后来一个时期，反对价格双轨制改革的声音一直存在。一种听起来很有说服力的说法是，一个城市不能同时实行两种不同的交通规则。如果一些车辆左行，一些车辆右行，一定会发生撞车事故。在俄罗斯，"休克疗法"式转轨的设计者也提出过，一个人不能分几步跳过一条壕沟，只能一步跨越，否则一定会跌进沟里。80年代中期笔者在体改研究所工作时，曾与一些世界银行经济学家进行交流，他们也对中国的价格双轨制改革表示了严重的担心，认为两套不同的价格体系并存，会导致经济混乱甚至崩溃。

但价格机制并不等同于交通规则，转轨也不同于跳跃壕沟。中国的价格改革走的是一条"存量暂时不变，增量转换规则"的路径，由量变积累到质变，而不是两种规则无序地并行。实践证明，价格双轨制改革为经济从计划向市场转型提供了一条可行的途径，大体实现了平稳过渡，避免了全局性震荡。由于市场调节的经济部分更活跃、增长更快，市场价格调节的比例就自然通过平缓的变动逐步扩大，并最终替代了计划价格的角色。而如果采取类似俄罗斯

"休克疗法"式的激进价格改革，则很难避免经济大动荡。实际上落入壕沟的恰恰是当时实行"休克疗法"式改革的国家。

仅以我国 80 年代中期的普通钢材价格为例，当时计划价格大约每吨 600 元，由于官方定价过低和市场严重短缺，市场价格高达 1500 元左右。两者相差两三倍。其他基本原材料的情况也都差不多。假设当时价格突然放开，或者迅速调整到相当于市场价格的水平，势必导致两种情况。

其一是大量以钢材、有色金属等基本原材料为主要投入品的中下游工业企业（主要是金属制品、机械、电器等行业的企业，据 1985 年工业普查资料，这类企业当时占工业产出的 25%，占工业就业近 30%，绝大部分是国营企业）很可能因无法承受成本暴涨而大量亏损甚至停产倒闭，使工业部分瘫痪，大量职工失业。这其中还可能出现地方政府为保护中下游国营企业少受冲击而采取种种行政保护、补贴、减免税等优惠措施，从而扭曲价格、利率等市场参数，抵消价格改革的积极作用。

其二是迫使一些因产品畅销能够承受原材料涨价的中下游企业相应提高其产品价格，从而沿着产业链把大幅度的价格上涨逐级传导到下游产业，从而导致全面通货膨胀。

两种情况带来的大冲击是中国经济难以承受的，因此，渐进式的双轨制价格改革是必然选择。[1]

1　参见王晓鲁、刁新申等《结构性短缺与价格改革》，载《经济发展与体制改革》1986 年第 9 期；刁新申《价格：双轨制的作用和进一步改革的方向》，载中国经济体制改革研究所综合调查组《改革：我们面临的挑战与选择》，中国经济出版社，1986。

当然，在讨论以上情况时还需要考虑其他影响因素。改革期间，货币和信贷控制始终是一个弱项。整个 80 年代，金融机构贷款的年均增长率高达 21.6%，是不变价格 GDP 年均增长率（9.3%）的两倍以上。这带来了巨大的通胀压力，也导致很多产品的市场价格大幅度高于计划价格（另一个因素是很多产品的计划价格严重偏离实际供求关系）。因此可以预计一旦价格全面放开，必然发生极其严重的通货膨胀。这也是导致在当时条件下只能通过价格双轨制的渐进方式进行价格改革的一个重要原因。假设当时能够实现货币稳健中性，有没有可能实行更激进的价格改革？这仍是一个可以研究的问题。但我们不能用假想来代替已经发生的实际经济运行进程，在不改变当时其他条件（包括货币和信贷供应条件）的情况下，价格双轨制改革是唯一合理可行的选择。

与中国的情况相对照，俄罗斯 1992 年在美国经济学家萨克斯的建议下实行了毕其功于一役的"休克疗法"式价格改革，全面放开价格，同时实行了全盘私有化的所有制改革。结果使当年物价暴涨几十倍（后来达到数百倍的恶性通胀，当然这还有货币供应因素的作用），随后经济大滑坡，GDP 下跌近半，大量劳动者失业，居民生活陷入困境。当时中国改革者竭力防止发生的情况在俄罗斯以倍加严重的形式上演。

在中国，也有主张一次性全面价格改革的意见。1988 年，中央接受了一些人的建议，决定进行"价格闯关"，全面向市场价格体系转轨。但当时计划价格和市场价格悬殊，居民担心全面涨价，发生了大规模抢购商品的风潮。中央及时做出反应，明智地决定放弃这项改革计划。但双轨制价格改革并未因此终止，而是随着非国营经济的快速发展，市场调节价格的部分也不断地自动扩大。到1990年代中期，市场价格已经取代计划价格占据了绝对主导地位。[1]这说明通过价格双轨制逐步转向市场价格主导的这条路走通了。莫干山会议上中青年学者的讨论对此做出了重要贡献。

在价格双轨制的实行过程中，也出现了一些严重的弊端。有些政府官员利用自己手中的权力，将计划价格的原材料批给亲属或利益关联者，后者以高得多的市场价格转手倒卖以牟取暴利，使腐败开始蔓延；少数人靠权力在改革中攫取了第一桶金。究其原因，是党政官员权力过大、缺乏有效监督，而在经济改革时期，因为权力下放，一些当权者又放松了自我约束和对下级的监督约束，以权谋私的机会也大大增加。这是政府改革滞后和行政纪律松弛的结果，而不应简单归咎于价格改革。

莫干山会议关于改革的讨论并非只限于价格改革，议题非常广泛，包括企业体制、对外开放、中心城市作用、金融体制、农村经济、基本理论等，分不同的小组进行讨论。其中有不少讨论都很有意义。

例如农村经济组周其仁等提出要改变靠不断补贴粮价刺激生产的办法，转向靠产业结构变化，由购买力带动农业生产，建立粮价保护制度等。对外开放组提出，要以沿海开放带动多方面、多层次的开放。金融体制组提出，货币发行过多，需要对信贷规模进行宏

1　90年代初期，由于市场一度低迷，很多产品的市场价格下降，与计划价格的差距缩小，给加快价格改革提供了有利条件。但这并非价格双轨制改革成功的决定性条件。粗略估计，80年代末市场价格调节的份额已经超过了50%（同时参见本章第11节），到90年代中期进一步提高到2/3以上。

观控制。基本理论组的讨论提出，实行商品经济（市场经济）是历史发展的必然，计划干预只能是对自发市场调节的补充，而不应是对市场法则的否定。[1] 此前，中央的经济改革基调还是"计划经济为主、市场调节为辅"。就在莫干山会议一个多月之后，中共十二届三中全会通过了《中共中央关于经济体制改革的决定》，提出了"计划经济"应当是"有计划的商品经济"这一新的基调。该文件号召充分发展社会主义商品经济，认为这是"社会经济发展不可逾越的阶段"。由于存在很多争议，文件中继续沿用了"计划经济"的概念，但上面这些表述的变化包含了经济体制向市场转轨的含义。[2] 这些改变反映了社会普遍的变革呼声，而莫干山会议上的思想碰撞，也是这一改革潮流中激起的一簇浪花。

8. 体改所、方案办及两种改革思路

在改革在各领域推进，包括中央向地方下放权力和价格双轨制的推进过程中，80 年代中期也同时出现了一系列改革进展不协调和结构失衡现象，包括通货膨胀、经济过热、信贷增长失控、地方保护、价格乱象和腐败等。关于这些情况发生的原因和如何应对，在研究机构中也出现了各种不同的看法，以后逐渐形成了两种有明显区别的改革思路。关于价格改革的争议，只是其中一

1　这个观点是笔者和刘佑成共同提出的。此前两人就已共同发表了阐述该论点的文章，见刘佑成、王晓鲁《商品经济客观基础考察》，载《未定稿》（中国社会科学院内部刊物）1980 年第 31 期。

2　见《中共中央关于经济体制改革的决定》，中国共产党第十二届中央委员会第三次会议 1984 年 10 月 20 日通过。

个重要方面。

第一种意见主张继续推进渐进式改革，优先推进企业改革和要素市场形成等微观经济基础的改造，继续推进价格双轨制改革，为逐步形成市场经济准备基础条件，而不主张在这些基础条件不具备的情况下实行一步到位式、一揽子式的宏观经济改革。持这种意见的有国家体改委的干部、体改所（中国经济体制改革研究所的简称）和社会科学院等机构的一批中青年经济学者。另一种意见认为实行价格双轨制和向地方放权让利已经造成了严重弊端，导致了"诸侯经济"，在价格体制、财税体制、金融体制之间发生的不协调已成为主要威胁，主张取消价格双轨制，实行价格、税制、财政、银行、商业、外贸、投资、工资等制度配套联动的一揽子改革（或称为"总体设计、配套改革、分步实施"的改革方案）。持这种意见的既有一些老一辈学者，也有一批中青年学者和官员。

1986 年，第二种意见在某种程度上被决策层所采纳，国务院设立了"经济体制改革方案研究领导小组"，下设办公室（简称"方案办"），统筹设计价格、税制、财政、金融、外贸、生产资料流通体制、投资体制联动的改革方案（后来因为实施难度太大，收缩为"价税财联动"方案，后进一步收缩为"价税联动"方案）。这里依据一些不完整的记录和当事人的文章，对这一改革的初始思路做一个简单（但不一定全面）的归纳。[1]

---

1 参见中国经济体制改革研究会编写组《中国改革开放大事记（1978~2008）》"1986 年"部分，中国财政经济出版社，2008；中国经济体制改革研究会编《见证重大改革决策》，2018；房维中编《在风浪中前进——中国发展与改革编年纪事：1977~1989》第 9 分册 1986 年卷及一些当事者的论文集。

价格改革：认为价格双轨制弊病很大，同种产品不同价格，导致了混乱和投机，主张取消双轨价格，通过行政性调价解决计划价格背离均衡价格的问题。但关于调价过程又有"一次到位"和"小幅快调"的不同意见；关于调价以后怎么办，一种意见认为调价后可以放开价格或扩大市场价格调节范围，另一种意见主张国家还需要继续控制能源、原材料和基本消费品价格，或严控价格浮动范围。

税制改革：用行政手段调整价格会使不同行业的盈亏平衡点发生重大改变，产品价格大幅上调的行业会出现超额利润，而以这些产品为投入品的行业或企业可能发生严重亏损，因此要通过调整税率平衡企业盈亏。一种意见主张细化产品税税目（认为当时的270种产品税税目还是划分过粗，需要再细化），通过对细分的产品税进行分项调整，来抵消价格调整带来的企业盈亏变化。另一种意见主张用资源税或临时价格调节税把超额利润收归财政，对因调价而亏损的企业给予财政补贴。两者都主张通过调整税率使各类产品的税后利润平均化或趋于平均化。此外还有人建议进一步实行分税制，统一所得税税制，按不同税种划分中央税和地方税，以规范各级政府收入，平衡地方财政的负担。

财政改革：中央和地方要对事权进行划分，财权要更多集中到中央，地方不搞营利性投资，主要管基础设施、科教文卫、环境保护等，中央可以搞大型生产性项目。

生产资料流通体制改革：对非统配物资（不实行计划调拨的物资，或者说市场调节的物资）由国家经委建立若干家大型专营公司，对企业实行竞争性服务，以避免"地方垄断"，消除多渠道经营的价格混乱局面。

投资体制改革：根据价格改革情况调整国家投资项目的资金供应，削弱或取消地方生产性营利性投资，由中央职能部门组建若干投资银行或投资公司进行投资。

金融改革：调整利率，使之调节资金供求，减少用行政手段控制资金供应的压力。在基层银行实行经营责任制或企业化经营。

外贸改革：用调整关税、出口补贴或退税来调整进出口结构。大宗矿产品、农产品、高利产品都实行中央垄断贸易。

工资改革：国家要控制工资总额增长，并征收奖金税。

可以看到，上述这些构想既包含了一些有价值的意见，也有十分明显的缺陷。

第一，提出者看到在价格双轨制实践中出现的利用差价投机等消极现象，希望进行纠正，是合理的，但有些提出者过于简单地把一种产品存在两种或多种价格看作严重混乱，要求取消价格双轨制，想靠行政性调价消除计划价格和市场价格的差异，是不现实的。实行价格双轨制的原因，恰恰是为了避免一次到位式放开市场价格会带来的巨大经济震荡，但是一次到位的行政性调价也会带来同样严重的问题。"小幅快调"带来的冲击可能小些，但只能以市场价格为继续调整的参照系，因此在调整过程中价格双轨制只能继续存在，不能取消。"快调"还要看快到什么程度，如果想把至少几年才能完成的价格改革缩短到一年或几个月完成[1]，那么对经济的巨大冲击还是难以避免。更关键的问题在于，如果只"调"不"放"，就不可能

---

1 事后看，双轨制价格的逐步并轨实际用了 10 年以上的时间。

达到价格市场化的目的。有人想用行政手段模拟市场来实现供求平衡，其实还是计划经济思想的延续，世界上并无成功先例。

第二，所谓价税联动，核心是想用差异化的税率来弥补调价后的盈亏不均，人为制造一个利润平均化的局面。但忽略了在市场经济中，只要有供求不平衡，就会有价格大幅度高于成本和低于成本，导致盈亏不均的现象。正是市场价格的这种功能，才会引导生产者扩大短缺产品生产、缩小过剩产品生产，使供求趋于平衡。如果在供求失衡的状态下把价格固定化并人为造成平均利润，就必然把供求不平衡的状态也固化下来，无法恢复均衡；而且把本该灵活浮动的价格固定化，又把本该稳定和一致的税率作为取代市场价格的调节手段，造成税率千差万别，并且必须随着供求变化频繁调整的局面。这既是违背市场规则的，也是计划工作者不可能做到的。因此这些构想的提出者走入了企图用计划经济手段调节市场的误区，也给自己提出了不可能完成的任务。

第三，提出者看到地方政府在市场上扮演了不规范的参与者的角色，认为放权让利带来了诸多弊病，这些看法中有部分合理成分，但他们没有看到这只是市场形成过程中的阵痛，是在民营经济还未发展起来、国有企业又未充分市场化的情况下由地方政府填补部分空缺的过渡阶段。部分人因此主张剥夺地方政府参与投资、商业、外贸的权限，把财权和物权收回到中央来，这实际上背离了市场化的改革方向。因为地方政府难以垄断市场，它们之间存在实质性竞争，而中央政府直属的几家投资公司和商贸公司之间却难形成真正的竞争（因为同属于一个老板），必然导致市场垄断。在这种垄断条件下，市场导向的民营经济会受到严重压抑而更难发展起来，众多的地方国营企业也更难转向市场。此外，政府控制工资水平、实行奖金税，如果作为针对当时国有企业工资上涨过快的临时性措施，可以理解；如果作为长期普遍政策，必然阻碍市场发育。上述这些建议中隐含着集权偏好。

应该说明，这些构想中有一部分的出发点是符合市场化方向的。例如有人主张价格改革先调后放，最终目标还是"放"，这与"只调不放"有根本的区别。此外，这些构想中关于分税制改革和金融改革的建议也都是积极和有价值的，是后来税制改革、金融体制改革的先声。但在当时的条件下，"先调后放"和"只调不放"两种意见并未发生实质性争论，反而似乎暂时保持了统一战线。上述"整体设计"的思路过多地把本该属于市场的责任揽到政府手中了，把主要着眼点放在政府对价格、财政、税收等杠杆的调整上，而忽略了改革更核心的内容是促进制度变迁、促进所有制和企业制度等基础性机制的实质变革。因此这一改革思路走不下去是必然的。

可以看到，当时存在两种不同的改革思路。一种思路主张通过放权让利逐步促进市场发育、民营经济发展、国有企业改革，以市场定价逐步代替政府定价，以市场导向的企业间竞争逐步代替中央计划和地方政府间的无序竞争；另一种思路更强调政府的宏观调控，希望用政府调价代替市场价格调节，财权向中央集中，隐含着用中央政府控制的垄断竞争模式来代替地方竞争，同时也必然压缩民营经济在市场中发育的空间。上述这些改革构想中隐含着后一种思路。可以想象，这种思路如果真的付诸实施，可能会不知不觉地走向国家资本主义的垄断型市场模式，而不会是公平竞争的市场模式。

要进一步厘清"价税财联动"改革构想的内在逻辑缺陷,我们还可以用一个前面举过的简单例子来说明。80年代中期,普通钢材的计划价格每吨约600元,适用于按计划生产钢铁和使用钢铁的国有企业。但在计划之外已经形成了市场,由于钢材等大宗上游产品供应严重短缺,市场价格每吨高达1500元或以上。当时由于扩大了企业自主权,国有钢铁企业超计划生产的产品允许进入市场,可以按市场价格销售。以钢铁为原料的国有企业(例如机械加工和设备制造企业)如果要超计划生产,也要用市场价格购进钢材。此外还有大量使用钢材的乡镇企业,也早就按市场价格购进原材料。他们的产品不愁销路,有能力消化这一更高的成本。同行业的国有企业不能承受这一更高的成本,主要是因为它们的体制包袱过重,受到计划经济的束缚过多,效率过低。

现在要推行先调后放的价格改革,如要一次到位或小幅快调,需要政府把钢材的计划价格一次或分几次从600元调整到与市场价格匹配的1500元。这会使国有钢铁企业获得高额盈利,而国有用钢企业的成本会大幅度提高。由于它们的生产结构和经营管理方式都未改变,短期内不可能通过提高效率来消化这一涨价因素,因此会出现严重亏损,大量企业将无法维持经营。

为避免这种情况,一种办法是相应提高所有以钢铁为原料的中下游企业产品的计划价格,使它们继续保持盈利。但这就把钢材涨价传递到中下游,导致以钢铁为原料的大量中下游产品涨价。如果最初调价的除了钢材还有其他若干大宗产品,则必然导致全面通胀,带来全局性震荡。同时这还会导致中下游产品的计划价格显著高于市场价格(因为本来两者差异不大,或者计划价格高于市场价格），造成新的混乱。而按照"价税财联动"的设计思路，另一种办法就是通过一系列计算，大幅度提高钢铁企业的税率，同时降低各类用钢企业的税率（税率根据钢材涨价对各类企业的影响程度而定，如果免税仍不足以补偿成本上涨，还需要政府根据各类企业情况分别提供数额不等的财政补贴），使各类企业在未改变供求关系的情况下实现利润平均化，都能继续经营下去。[1] 同时还因为税制改变导致各地财政收入发生增减变化，影响地方利益，需要中央政府通过算账来增加和减少不同地区的财政上交任务，使各地财政收入能继续保持平衡。至此，围绕钢材调价的"价税财联动"调整已在概念上完成。但这在实践中会带来大量难题。

其一，按现行分类，全国工业四位数代码的子行业有七百多个，其中仅涉及以钢铁和钢铁制品作为主要投入品之一的子行业至少有二三百个。这些行业因钢材调价受到的影响各不相同，每个子行业内，各类不同企业因产品品种和技术条件等差异，情况还会千差万别。如果要为实现利润平均化而针对各子行业和每类企业的情况调整税收，仅针对钢材一种产品的调价就需要有至少几百种差异化的产品税税率。如果最初调价的不只是一种钢材，而是几种、几十种生产资料，那么加上交叉影响，税率调整的任务就将以几何级数增加，任务量扩大成百上千倍。海量信息的收集和税制的复杂程

1　当时的"方案办"基本思路是："企业因提价而增加的收入，原则上要通过增税拿回来。为了缓和基础工业品提价的冲击，保持零售物价水平的相对稳定，要对加工制成品行业和重点固定资产投资项目分别给予有区别的减税和追加〈投资〉补贴。"见国务院改革方案研究领导小组办公室《明后两年配套改革的基本思路（供讨论用）》，1986 年 4 月 25 日，未发表。

度将是计划工作者根本无法胜任的，将导致严重混乱。况且市场情况千变万化，平均利润将不断被打破，计划工作者能够随着这些变化不断调整这些千差万别的税率吗？对企业而言，不确定性不会减少，只会增加。因为市场价格变动还可以根据供求变化进行预测，而计划工作者如何调税却无法预测。企业又如何适应这种税率不断变化的不确定性而保持正常经营？

其二，即使假定计划工作者能够准确及时地调整如此复杂的税率，在税率千差万别的情况下，如何形成公平竞争的条件？下一步如何向市场化过渡？

其三，如果因用钢企业的钢材成本上升而调减其税率，原来就使用市场价格的钢材作为原材料的乡镇企业是否也应当同等减税？而这是否会导致这些乡镇企业获得暴利？而不这样做，必然导致国企和乡镇企业间的不公平税负和不公平竞争，如何解决这一难题？

其四，最重要的是，钢材市场价格高，源自供给不足。在市场调节下高价格会鼓励企业扩大生产，经过一段时间，短缺将随着生产扩大而消除，价格自然也会平复。而如果在高价格的情况下对钢铁企业征重税，使之只能得到平均利润，企业怎么会扩大生产？短缺还怎么改变？市场还怎么恢复供求平衡？这样的平均利润率恰恰会固化结构失衡，阻止市场调节带来的供求再平衡。

因此，上述这个一揽子调整的方案难以达到促进市场均衡的目标。"价税联动"归根结底还是不放心市场自己能完成恢复供求平衡的任务，不相信通过价格双轨制等渐进改革方式能够让市场发挥越来越大的作用，逐渐实现均衡，却过度相信政府的调节能力，相信靠行政手段可以实现市场均衡，却忽略了行政手段在经济正常运行时都缺乏实现供求平衡的能力，怎么能够承担如此复杂的体制转轨任务！

　　事实上，随着研究的深入，上述某些脱离实际或逻辑不一致的设计思想也在逐步被放弃。1986 年 4 月，"方案办"关于价格改革的基本思路就退到了"调放结合，先调后放"，否定了"只调不放"的思路，而且不再主张取消价格双轨制。6 月，国务院总理赵紫阳在听取"方案办"汇报时指出："价格改革是以调为主还是放为主？最后是放为主，时间可以拉长一点。""改革的最终目的就是减少计划的调拨部分，增加市场价格部分，减少指令性计划。如现在每年统配钢材 2000 多万吨，每年可以减几百万吨，拿到市场上去。"重新肯定了"双轨制"的渐进式价格改革的思路。8 月，"方案办"关于 1987~1988 年改革的意见又把 1987 年调价方案大幅缩小到仅剩钢材一种产品，调到每吨 1000 元（普碳钢），并非一次到位。对使用钢材的产品分不同情况，部分放开价格；1988 年再放开大部分煤炭、水泥价格，只有电价、石化产品、铁路运价采取调价。关于"价税联动"改革，也不再提通过调税把钢材调价利润"拿回来"，实际上放弃了"联动"。所谓"总体设计"已经不复存在。后来，考虑到钢材调价对通胀的影响和对企业经营的影响仍然很大，11 月国务院决定推迟该方案的实施，事实上无限期搁置了这一方案。[1]

1　见房维中编《在风浪中前进——中国发展与改革编年纪事：1977~1989》第 9 分册 1986 年卷。

改革之路

82

后来的实践已经证明，通过价格双轨制，以增量改革的方式逐步扩大市场调节范围，是能够解决价格市场化这个复杂问题的。一方面，当时国有钢铁企业超产的钢材能够进入市场，高价高利鼓励了企业扩大短缺的钢材生产，也吸引有能力的乡镇企业投资该领域，钢材由市场调节的比重也就越来越大，计划调节部分越来越小，供给随之逐步改善。另一方面，用钢企业要扩大生产，就必须适应市场进行自我调整，提高生产率来消化钢材涨价部分，最后做到与乡镇企业一样，有能力承受较高的原材料价格。而不能进行调整和改变的企业，就是低效率企业，会在此过程中被市场淘汰。虽然这一过程有痛苦、有波动，而且过程较长，但最终会因市场调节范围不断扩大而自动实现价格并轨。在此调节过程中，如果政府能同时适度、局部调整计划价格（但避免大幅度震荡），可能有助于加快价格并轨的进程，但这只能起辅助作用，而不能代替市场的调节作用。

　　在价格向市场转轨的过程中，企业效率会在市场推动下逐步提高，供求会逐渐走向均衡，税制既不需要也不应该搞成一品一率。税率必须稳定和统一，才能保证公平竞争、促进优胜劣汰和资源合理配置。正如在球场上，只能是不同球员遵守同样的评分规则，而不能根据每个球员的身体和技能条件为每人制定一套不同的评分规则。

　　从 80 年代到 90 年代，事实证明通过价格双轨制改革逐步走向市场化的这条路是走通了。而想用政府设计好的一揽子改革方案来代替市场自然发育的过程，造出一个市场来，是一条没有走通的路。市场的形成就像一棵树，从发芽破土到长成大树，需要一个自然发育过程。人们可以通过浇水施肥帮助其生长，但不能用工程学的办法先画好图纸，按图加工造出一棵树来。否则必然是一棵没有生命力的死树。这其实还是用计划经济的思维方式来推进市场化改革。

事实上，80年代中期遇到的结构失衡和经济乱象，主要集中在三个方面。

其一，在价格双轨制改革中，地方政府自主权扩大，同时保留了按计划价格分配产品等权力，但由于对政府权力缺乏民主监督和制衡手段，导致一些官员或相关者能够借计划价格和市场价格的差异投机牟利、以权谋私，使公共资源流失。这是政治体制改革延后的代价。中国当时采取的先经济改革后政治改革的策略是合理的。因为如果两者同时并进，很可能导致局面失控、经济出轨。但因政改推迟，对权力的约束就只能靠权力机关内部监督和自我约束。一些党政机关、官员放松了内部监督和自身纪律约束，是关键问题。而如果没有价格双轨制，走向市场化的路很可能走不下去，或者像俄罗斯的"休克疗法"那样导致经济大滑坡。

其二，当时的通货膨胀、经济过热，部分原因是国有企业因软预算约束而行为不合理，更关键的原因是货币和信贷失控（1984~1986年贷款总额连年增长30%以上）。当时没有形成健全的宏观调控机制，央行管理者也缺乏在经济局部市场化的情况下管理货币、信贷的专业知识和能力。而无论是"价税财联动"方案的提出者，还是主张渐进式改革的研究者，当时都没能抓住这个关键。前者把这些乱象归咎于放权让利的渐进式改革，后者重点强调需推进微观机制的再造，但两方面都受缺乏专业知识储备的局限，未能对如何改善宏观调控提出具体可行的建议，这是当时的缺憾。

其三，如同本章第 4 节指出的，当时地方政府参与竞争，进行产业投资和举办各种商贸公司，在市场欠发育的情况下一方面对经济起了重要的补充作用，有助于市场的初期发育，另一方面也带来了很多问题，例如经营多目标，预算软约束，导致了过度投资、效率不高和不公平竞争等弊病。因此在市场发育到一定程度时，政府必须减少在竞争性市场中的参与，把工作任务重点转向市场失灵的领域和提供公共服务。后来由于民营经济快速发展，效率更高，在一定程度上抵消了这些弊病的负面影响，使 90 年代以后政府的相对参与度有所下降。而在当时条件下，简单禁止地方政府参与竞争、搞行政性收权，和忽视政府参与对市场配置资源的不利影响，都有片面性。

以上这些批评，由于已经有了 40 年市场化改革经验的参照，不难做出。而在当时的条件下，一个 10 亿人的大国从计划经济体制全面向市场经济体制转轨，是史无前例的尝试，没有成熟的转轨理论作指导，没有现成经验可借鉴，大家都是盲人摸象，在探索中前进。其他国家如俄罗斯，有人以为照搬西方国家（如美国）现成的模式就可以指导转轨实践，却导致了经济崩溃。中国当时的改革思路之争，至少争论各方都是在当时的认识条件下，力图根据中国的具体情况和面临的问题寻找解决途径，不管对与错，都是有价值的探索。

体改所（中国经济体制改革研究所）同样也在探索。1984 年，国务院总理采纳了国家体改委的建议，批准从各单位调集一些中青年研究人员成立一个由国家体改委领导的研究所，从事体制改革的研究。该所先后成立了宏观经济、微观经济、经济发展、社会学、社会调查、比较经济、政法、联络等研究室。体改所的许多研究骨干来自农村发展研究组（见本章第 2 节），此前已经从事了几年农村改革的调查和研究。还有很多研究人员来自恢复高考后的 1977 届和 1978 届大学毕业生及研究生，多数在"文革"期间有长期在农村、工厂、农场劳动生活的经验，对基层情况有较深刻的了解。可以说，"接地气"成为体改所这个研究团队的一个特点。

体改所成立之初的 1985 年，就开展了全国范围的城市经济体制改革调查。调查涉及全国 22 个省份的 27 个综合改革试点城市和非试点城市，调查对象有城市的各政府职能部门和银行，有国有企业、集体所有制企业、乡镇企业（当时民营企业还未取得合法地位），涉及不同行业和大中小型不同规模的 429 家企业，对企业厂长（经理）、企业职工、城市居民发放了大量调查问卷，取得了丰富的第一手资料，并形成了一批重要的研究成果。

例如，上述调查发现，尽管样本企业中有 65% 仍是国有企业，但在 1985 年 1~6 月，97% 的样本企业已经有产品计划外自销，77% 的企业在安排生产时要兼顾市场需求，样本企业对非计划供应的原材料（通过市场或半市场渠道）依赖度平均已上升到 44%，产品自销率（基本上可视为市场销售的比重）平均已上升到 50%。在原材料生产（上游产业）领域，尽管市场调节进展相对缓慢，普遍存在供给短缺，但价格双轨制也已经发挥了积极的作用。以调查样本中的 12 家钢厂为例，其中 6 家产品自销率很低，平均只有 3%；1985 年上半年这 6 家钢厂的平均产量下降了 9.3%。另外 6 家钢厂产品平均自销率达到 19%，上半年它们的平均产量增长了 14.4%。这说明市场价格的确起到了在边际上刺激短缺产品迅速增产，从而改善供求关系的作用（见表 7）。[1]

表 7 样本钢厂产品自销率与产量增长率的关系

单位：%

企业个数	自销率范围	平均自销率	产量增长率范围	平均产量增长率
6	0.0~7.8	3.0	−11.0~5.8	−9.3
6	10.0~34.0	18.8	2.3~69.7	14.4

资料来源：中国经济体制改革研究所综合调查组《改革：我们面临的挑战与选择》，中国经济出版社，1986。

另一份研究报告分析了价格双轨制条件下市场价格正在发挥的调节市场供求的积极作用，以及阻碍这些作用的各种体制和结构性因素（包括地方行政保护、缺乏市场化投资主体、不同行业的规模特征和进入门槛等），因此把价格改革看作一项更长期的任务，指出"单项的价格改革可能难以实现预期的目标，因而要有足够的先期准备并需要其他改革措施的综合配套"。这包括促进形成跨地区、跨部门的市场化投资主体，以取代地方政府作为投资主体的作用，实现国有企业预算约束硬化，消除不适当的保护和特惠政策，建立

---

1 见中国经济体制改革研究所综合调查组《改革：我们面临的挑战与选择》（主报告）（作者和讨论者有：陈一谘、王小强、张钢、张少杰、刁新申、李峻、白南风、姜斯栋、夏晓汛、崔鹤鸣、张阿妹、杨冠三、黄晓京、蒋跃、吉小明、徐笑波、许钢、曹远征、赵榆江、盛洪、刘鹤等）；刁新申《价格：双轨制的作用和进一步改革的方向》，载中国经济体制改革研究所综合调查组《改革：我们面临的挑战与选择》，中国经济出版社，1986。

失业保险制度以应对结构变动的冲击，等等。[1]

因此，与前面提到的一些观点不同，体改所研究者在渐进式改革中看到的并不是一片混乱，而是乱中有序，改革正在向积极的方向推进，价格双轨制正在发挥从计划体制向市场体制过渡的桥梁作用。在他们看来，继续推进改革的方向，不应是由中央政府取代地方政府的作用，而是重在促进市场主体的发育。

对数千份城市居民的问卷调查还发现，从 1985 年 2 月到 7 月，短短 5 个月中，主张全部价格必须由国家管理的居民所占比例从 62% 下降到 35%，而支持价格部分放开或全部放开的居民所占比例从 37% 上升到 65%，说明居民在从改革实践中学习改革和转向支持改革。报告还发现，在副食品价格刚刚放开，肉禽蛋菜价格有较大幅度上涨的情况下，仍然有 70% 的居民认为总体生活水平有提高或没有降低，有 74% 的居民支持价格改革。[2]人民对改革的支持，源于他们对改革方向和改革目标的信赖。

体改所的上述主报告同时还提出了对超前消费和银行软约束的警示，并发现产业结构出现了"轻型化"的趋势。该报告主张将市场机制引入工资决定和金融领域，开放要素市场。在金融领域建议推进"双轨制"改革（即一方面强化信贷总量控制，防止宏观失控；另一方面鼓励民间信贷发展，使市场调节起作用）。同时报告还呼吁推进企业破产改革，使低效率企业退出。这些观点都着眼于

---

1 王晓鲁、刁新申、闫晓中、余晖、许刚:《结构性短缺与价格改革》，载《经济发展与体制改革》1986 年第 9 期。

2 杨冠三、杨晓冬、宣明栋:《价格改革的社会心理反映》，载中国经济体制改革研究所综合调查组编《改革：我们面临的挑战与选择》，中国经济出版社，1986。

在双轨制价格改革的同时，推进市场化取向的企业改革，推进要素市场开放，逐步改造经济的微观基础和内在机制，以推进市场的发育，而不是仅着眼于对价格、税率等杠杆的调整。

一份体改所报告还明确批评了那种想靠行政性调价恢复均衡价格的主张，认为"所谓'调到市价'的说法本身就是不科学的。市价是一个动态价格体系，把某一时点上的价格固定化，形成的仍然是背离未来市价的牌价；况且没有市价，我们连'调'的方向也找不到"。[1]

涉及当时的"产业结构轻型化"现象，另一份体改所研究报告系统分析了改革期间产业结构的变化趋势，并分析了其内在的体制机制原因。报告指出，在上游工业部门（基础原材料部门和一部分其他重工业部门），因为存在规模经济的要求，单个项目投资规模很大，进入门槛高，通常只有国家投资具备这样的能力。而中下游工业部门在技术上对规模经济的要求低得多，容易进入。因此市场导向的投资（乡镇企业、部分城市集体企业投资和较低级别的地方政府投资）受到融资能力不足的限制，难以进入上游产业，但能够大量进入中下游产业。这就导致上游产业仍然主要受计划调节，增长慢，行为方式传统，产品仍然短缺，而中下游产业已主要受市场调节，增长快，出现了生产过剩，而且由于地方政府投资存在大量重复建设，加剧了生产过剩。报告建议在市场的指引下推进产业重组，打破行政割据，促进企业间的联合、兼并，扩大其生产规模，从而使市场调节能够对上游产业发生作用，并加快推进企业改革、

1　刁新申：《价格：双轨制的作用和进一步改革的方向》，载中国经济体制改革研究所综合调查组编《改革：我们面临的挑战与选择》，中国经济出版社，1986。

投资制度改革和产权制度改革。[1]

　　此后几年中，体改所还进行了大量的各方面改革研究。如 1986 年组团对匈牙利和南斯拉夫的市场化改革和其后的经济体制及运行状况进行了全面考察，对国内工业结构变化进行了调查和研究；1987 年对实行工业承包制的企业进行了调查，对沈阳市的改革进展做了全面调查并与市政府合作进行了推进改革的方案研究；1988 年对深圳特区的改革和发展进行了全面调查，组团对苏联的经济和政治体制改革进行了考察并开展了改革经验交流。1988 年，体改所针对拟议中的"价格闯关"进行了调查研究，向中央提交了 6 份书面意见，明确表达了不同观点，认为"过价格关，既要理顺价格体系又要抑制价格总水平上涨，没有经济运行机制、组织和规则的转变，特别是企业改革的实质性推进是无法实现的"。建议首先下大决心推进企业自负盈亏，并"在逐步放开价格的同时组织兼并、破产，以及干部、就业、福利、保障等一系列深层次的体制改革攻坚"。还指出在价格双轨制条件下，"有权有势的部门都可以远远低于市场价格的价格向大企业伸手要产品"，"所谓市场混乱，主要发生在这类交易活动中。可见建立市场秩序的第一步，还不是整顿自由市场，而是尽量削弱行政机构参与交易的权力基础"。[2] 这些

1　中国经济体制改革研究所发展研究室（作者王小鲁、刁新申、张阿妹、朱晓林、庄俊文、时平生、崔鹤鸣）:《工业增长中的结构性矛盾》（"中国：发展与改革系列丛书"），四川人民出版社，1987。

2　中国经济体制改革研究所:《对改革攻坚、过关的意见之一：过价格关意味着深层次的体制改革攻坚》，载《体改研究内参清样》1988 年第 23 期（7 月 30 日）；中国经济体制改革研究所:《对改革攻坚、过关的意见之四：价格放开的同时必须进行物资流通体制改革》，载《体改研究内参清样》1988 年第 26 期（8 月 2 日）。

看法，以今天的眼光来看，仍然具有重要的意义。

上述这些调查研究获取了大量第一手资料，完成了一大批研究报告，提供了许多有价值的政策建议。这些研究以及更多未能提及的研究，在当时为推动改革发挥了积极的作用，也为改革史留下了一批宝贵的思想遗产。

9. 股份制改革和资本市场建立

中国在改革期间，最早的企业股份制改革可以追溯到 1978 年前后。当时有些地方农村的社办、队办企业，就自发采用了集资入股、股份分红的方式，同时出现了股份合作制企业和股份制企业的萌芽（前者一般是资金加劳动作为股份，后者则以资金入股）。最初这些自发的经济形式还没有得到官方正式承认，但在少数实践中起了很好的作用。因为农民以各种生产要素入股，企业经营的绩效就与成员和投资者的切身利益有了紧密的联系，促使他们关心企业经营，积极提高效率、降低成本，企业充满了活力，发展很快。

然而在相当长的时间内，官方和学术界的主流观点还受到传统的极左意识形态观念束缚，一直在纠缠"姓资姓社"的问题，很多人仍然认为搞股份制就是搞资本主义，不能允许开此先例。只有少数具有改革思维的党政领导者在个别场合为股份制开了绿灯。1982年，国家经济体制改革委员会（简称"国家体改委"）成立，随即推进了多项改革试点。1983 年，第一家股份制企业（深圳宝安县联合投资公司）在深圳特区成立。1984 年，北京也成立了全市第一家股份公司（天桥百货股份有限公司），这是中国第一家可以公开发行股票募集社会资金的股份制企业。上海从 1984 年起也开始了股份制企业的试点。

1985 年，中国经济体制改革研究所和北京青年经济学会的刊物《经济发展与体制改革》，在创刊第 1 期发表了两篇讨论股份化的不同观点稿件，推进了这个问题的讨论。两篇文章都肯定了股份制存在的价值，一篇认为应当正视股份制已经在乡镇企业、中外合资企业中出现的事实，尽快制定股份公司法，设立证券交易所，并逐步把股份制引入国有经济部门，成立国有控股公司或投资信托公司作为国家所有权的代表，管理股份化的国有企业。但另一篇文章主要担心当国有企业还在经济中占有绝对主导地位的情况下，股份制经济大规模吸收民间资本的空间不大，而政府一股独大，反而可能强化政企不分。该文更加推崇日本的弱化股东权益的公司制度。[1]

此后，各地陆续有一些企业实行股份制转制试点，但股份制的发展遇到了来自传统意识形态的强大阻力。1987 年，中共中央总书记在十三大报告中提出发行债券和股票也是改革的必要措施，使股份制经济的发展有了更合法的身份。1988 年，由国家体改委和人民银行总行召集，在北京召开研讨会探讨设立证券交易所的问题。但中国的股票公开上市直到 1990 年才实现，这一年的 12 月，深圳和上海先后成立了证券交易所。从此股份制经济才在中国逐步发展起来。据曾任深圳市体改委主任的徐景安回忆，当时深圳几家股份公司发行股票时，还没多少人敢买，只能由政府官员带头购买

---

1 吴稼祥、金立佐：《股份化：进一步改革的一种思路》；王小强、吉小明：《企业非股份化模式的思考》，均载《经济发展与体制改革》1985 年第 1 期。该刊当时为国内发行。

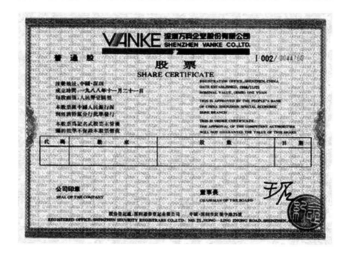

图 7 　深圳市最初的股票：深圳发展银行和万科股份公司

股票。经过一个时期的发展，才逐渐形成了一定规模（见图 7）。

到 1991 年，全国已经出现了 3200 家股份制企业。这些企业其后大都发展良好，生产规模和利税有大幅度的增长。股份制为资本的流动提供了有效的渠道，能够把社会闲置资金引导到产业部门，因而开始形成了资本要素通过市场实现合理配置的机制，有促进效率提高的作用，有利于经济发展。

不过在后来的实践中，也出现了投资短期化，把资本市场当赌场，大资本洗劫小股民等现象。这些现象说明资本市场在理论上优化资源配置的作用，还需要其他一些制度条件的配合。而资本脱实向虚、在金融领域空转、不断制造泡沫等问题，即便在一些发达国家也还没有得到很好的解决，在美国更为突出。在中国，这些也都是留待继续改革来解决的问题。

10. 谁推动了经济加速增长？

最初的农业改革，随之而来的乡镇企业迅速发展，以及后来的个体私营经济在市场引导下发展，成为 80 年代经济高速增长的主要推动力。此外，国有企业初步引进市场机制，财税金融领域进行与市场相衔接的初步改革，也都取得了积极的成效。这使改革早期阶段（1978~1990 年）的 GDP 增长率从过去 20 年计划经济时期（1958~1977 年）的年均 5.1% 提高到 9.2%，使中国经济跃上了高速增长轨道（见表 8）。

伴随经济高速增长，城乡居民收入在这一时期也大幅度提高。城镇居民人均可支配收入增长率从计划经济时期年均 1.4% 上升到 5.7%，农村居民人均纯收入增长率从年均 1.7% 上升到 9.5%，从低速增长分别提高到中速和高速增长。城乡合计，全国居民人均收入增长率从计划经济时期的 1.7% 提高到 8.7%，是我国有史以来居民收入增长最快的时期。这期间农村居民收入增长高于农业产出的增长，本质上是政府通过农产品提价等方式归还过去对老百姓的欠账。事实证明，过去长期靠压低老百姓收入来提高积累、推进工业化的方法是错误的，实践上是失败的。只有老百姓收入伴随经济增长不断提高，经济高速增长才能持续。也正是因为初期改革的成功并使大多数人受益，才使得改革得到老百姓广泛拥护，能够克服重重阻力而继续进行下去。

表8　计划经济时期与改革初期经济增长比较（年均增长率%）

	计划经济时期 （1958~1977年）	改革初期 （1978~1990年）
GDP	5.1	9.2
农业增加值	1.5	5.4
工业增加值	9.3	10.2
服务业增加值	4.1	11.5
人均GDP	3.1	7.7
城镇居民人均可支配收入	1.4	5.7
农村居民人均纯收入	1.7	9.5
全国居民人均收入	1.7	8.7

资料来源：国家统计局国民经济综合统计司编《新中国六十年统计资料汇编：1949~2008》，中国统计出版社，2010，第6~25页。

　　根据国家统计局GDP、农业、乡镇企业统计，按各自的增加值增长率及其增加值占GDP的份额加权计算，可以近似推算出改革早期（1978~1990年）农业改革、国有企业改革、乡镇企业和其他非国有经济发展各自对GDP增长加速的贡献。这期间GDP年均增长率比计划经济时期提高了4.1个百分点，其中，农业改革和加速发展对GDP的加速增长贡献了1.0个百分点，国有企业改革贡献了0.6个百分点，乡镇企业和其他非国有经济的发展贡献了2.5个百分点。上述各部门的贡献中也包括了对外开放、财税体制改革等促进生产率提高的因素（见表9）。

表 9　谁推动了增长加速（1978~1990 年与 1958~1977 年比较）

	对增长加速的贡献（百分点）
GDP 增长率比计划经济时期加速	4.1
农业改革的贡献	1.0
国有企业改革的贡献	0.6
非国有经济（乡镇企业及个体私营经济）的贡献	2.5

注：各部门对经济增长的贡献依据其各自增长率比计划经济时期的提高幅度及其在经济中所占份额变化近似计算。由于统计数据不全，本表用国有和非国有部门在工业总产值中的比重近似代表两者在第二、三产业中的比重，粗略推算出其各自对 GDP 加速增长的贡献。

资料来源：笔者据国家统计局数据推算。

11. 走向市场的进与退

从 1978 年开始到整个 80 年代的改革可以说是中国改革的第一阶段。改革前，僵化的官方意识形态对人民思想构成了严重的禁锢，市场经济被宣传为万恶的资本主义洪水猛兽，计划经济被当作世界最好的制度。改革本身就是一个思想逐渐解放、认识逐渐深化、目标逐步明确的过程。最初阶段，由于巨大的传统意识形态影响，党内持续存在关于改革方向的争论，关于改革目标并没有形成共识。但在党内改革力量和社会各阶层要求改变的强烈愿望推动下，实际的改革措施是一步步朝市场化方向推进的。

1978 年的中共十一届三中全会公报并没有提出改变计划经济体制，但提出了"多方面地改变同生产力发展不适应的生产关系和上层建筑""改革经济管理体制"，为改革打开了大门。

1982 年，中共中央总书记胡耀邦在中共十二大报告中提出"计划经济为主、市场调节为辅"的指导思想，首次在官方文件中引进了计划经济时代严厉禁止的"市场调节"概念，但当时市场调节仍被置于从属地位。

1984 年，经过党内改革与保守力量的反复较量，中共中央十二届三中全会通过了《中共中央关于经济体制改革的决定》，虽然继续肯定了计划经济的存在，但同时提出"改革计划体制"，将计划经济解释为"有计划的商品经济"，在继续肯定市场调节的辅助作用的同时，提出"有步骤地适当缩小指令性计划的范围，适当扩大指导性计划的范围"和"发展社会主义商品经济"的改革任务，使经济的计划部分也能够与市场接轨。这些说法虽然仍不彻底，但实际上将"商品经济"提升到主体的位置，包含了向市场经济转轨的内容，是一个关键的变化。在当时，"市场经济"概念在主流意识形态中仍然具有某种负面含义，而"商品经济"则是市场经济的中性代名词。

1987 年，中共中央十三大报告用"计划与市场内在统一的体制"代替了过去"计划体制"的表述，并对"计划"做了重新解释，提出计划不等同于指令性计划，重申了"商品经济的充分发展，是社会经济发展不可逾越的阶段"。更突出的变化是，明确提出了"加快建立和培育社会主义市场体系"，发展包括生产资料市场、金融市场、技术市场、劳务市场在内的各类要素市场，发行股票和债券等改革任务，要求建立"国家调节市场，市场引导企业"的新型经济运行机制。该文件虽然还没有完全摆脱计划体制这个概念，但基本立足点已经转向市场经济体制，在改革史上可以看作从计划经济向市场经济转轨的一个标志性事件。市场化改革也随之逐步拓展到国民经济各领域，包括向要素市场拓展。

十三大报告提出的另一项重要任务是进行政治体制改革，"建设有中国特色的社会主义民主政治。改革的长远目标，是建立高度民主、法制完备、富有效率、充满活力的社会主义政治体制"。改革的当前任务包括实行党政分开、政企分开，下放过度集中的权力，解决官僚主义、政府庞大臃肿的问题，转变政府职能，实行区分政务和业务类型的国家公务员制度，建立社会协商对话机制，完善社会主义民主制度，加强法制建设等。这些关于政治体制改革的设计，在今天仍有重要意义。

1989 年，在有些人企图改变十三大确立的改革路线的情况下，邓小平明确表态："十三大政治报告是经过党的代表大会通过的，一个字都不能动。"[1] 这维护了改革的基本方向。

从以上这些情况看，中国改革不仅经历了渐进的过程，而且改革目标也是通过渐进的方式逐步明确的。这不仅是因为改革的推动者和参与者自身的思想认识经历了逐步深化的过程，同时也意味着改革是在不同思想观念的争论、妥协、再争论的过程中，克服了重重阻力走过来的。渐进式改革的一个优势在于，改革每走一步取得的成功，都提供了新的证据，说服那些处在中间摇摆状态的人乃至反对者转变立场、支持改革。也因为如此，改革才能越过重重障碍，突破计划体制的躯壳，走向市场经济。

尽管在 1989 年后改革出现反复，但总体上随着市场导向的非国有经济快速发展，统计显示 1990 年非国有企业在工业总产值中已经占到了 45% 的份额，加上国有企业也在相当大的程度上加入了市场竞争（产品由企业自销的部分估计不低于一半），因此工业生产中市场调节的份额按保守的估计应在 60% 以上。在农业中，

---

1 《邓小平文选》第 3 卷，人民出版社，1993，第 296 页。

农户个体经营全面代替了过去的集体生产，农产品市场已开放。在服务业中缺乏相关统计，但市场导向的非国有经济在商业、餐饮业、生活服务业等领域已有重大发展，国有企业也部分参与了市场竞争，估计服务业领域的市场调节份额达到或接近50%。因此粗略判断，经过早期改革，到80年代末市场机制在商品生产领域已大体上取代了计划调节机制的地位而占有主要份额，但在要素配置领域，市场机制估计尚未占据主导地位。

改革中有进也有退。在80年代改革带来了经济高速增长的同时，也随之出现了若干经济失衡现象。其一是货币和信贷控制不力，引发了1988~1989年间年率高达18%的通货膨胀，吞噬了居民收入增长给他们带来的好处。其二是改革开放后城市经济发展快于农村，沿海发展快于内地，部分社会阶层或群体的收入增长远快于普通工薪阶层，使收入差距迅速扩大。其三是改革期间在放权让利的同时，政府权力缺乏有效的约束，发生了官商勾结、以权谋私、腐败蔓延，一些高干子女和有权力背景的人利用权势者的影响力经商赚钱，扭曲了收入分配。这三方面的因素引发了老百姓的强烈不满，导致后来"1989年政治风波"的发生。

总体而言，这些情况是由于一些重要领域的改革滞后和不协调造成的。其一，中央银行调控机制不健全，未能对货币发行和信贷总量进行有效控制；商业银行并没有真正商业化，放贷不在乎风险收益而要看政府脸色，这些是导致高通胀的重要原因。其二，未能随市场化的推进，及时建立全面的社会保障和收入再分配制度，未能有效保护弱势群体，导致收入差距过度扩大。其三，更关键的是党政机关行政纪律松弛，政治体制改革更没有及时推进，未能对权力建立必要的监督和约束机制，使政权腐败现象日益扩大。

针对这些问题，需要加快推进相关的改革。然而在 1989 年以后的一段时间内，在整顿经济的旗号下发生了许多与改革相悖的变化，一些人企图否定市场化改革方向，很多改革措施被当作"资产阶级自由化"来打击批判，下放给地方和企业的自主权被重新上收，非国有企业受到打压，出现了向传统计划体制倒退的种种趋势。事实上，1989 年的治理整顿并没有遏制货币超发和信贷膨胀，也没有把矛头对准腐败。贷款增长率仅在 1989 年从前两年的 20% 和 22% 微降到 19%，随后在 1990 年就上升到 23%。

当时整顿的矛头直接指向市场导向的非国有经济，收紧了对乡镇企业与民营经济的信贷，导致许多企业资金严重短缺，众多企业关闭。[1] 统计显示，乡镇企业数量 1990 年比 1988 年净减少 38 万家，乡镇企业就业人数净减少 280 万人，个体和民营经济同样受到严重影响，但缺乏具体统计数据。[2] 这些导致了经济增长急剧减速。1989 年和 1990 年，固定资产投资连续负增长，GDP 增长率从 1988 年的 11.2% 接连降至 4.2% 和 3.9%。这种情况直到 1992 年邓

1　参见 1989 年 12 月农业部长何康讲话，载于中国经济体制改革研究会编写组《中国改革开放大事记（1978~2008）》，中国财政经济出版社，2008，第 226 页。

2　蔡晓鹏的回忆录提供了一个很说明问题的典型案例。1984 年，为推动农村改革做出了重大贡献的中央书记处农村政策研究室主任杜润生为支持乡镇企业发展，批准成立了一家旨在为乡镇企业提供服务的集体所有制性质的公司，由蔡晓鹏任总经理。1989 年 12 月，一个由多家公检法机关组成的联合专案组以涉嫌重大经济犯罪的莫须有罪名逮捕了蔡晓鹏，关押一年半，罗织了蔡"贿赂"杜润生的罪名逼迫其承认，企图嫁祸杜老。最后终因罪名根本不成立，蔡在社会各界营救下获无罪释放。据蔡记载，当时全国有几十万家个体、民营和集体所有制企业负责人被抓，资产被掠夺。见蔡晓鹏《最难风雨故人来》，新浪博客，2012 年 6 月 15 日。

小平发表"南方谈话"和中共十四大重新明确了改革方向，才得以扭转。

12. 中国为什么能走上改革之路？

中国能够走上改革之路，关键是实行计划经济体制的 20 年（"一五"时期除外）长期压抑了老百姓的收入提高和生活改善，其间"大跃进"、"公社化"和十年"文革"更是将经济推向了崩溃边缘。老百姓要改变、要吃饱饭、要靠自己的努力追求美好生活的愿望，成为改革的第一推动力。因此在"大跃进""公社化"期间受损最严重的广大农民敢于突破清规戒律，走在了改革前沿。

中国能走上改革之路的另一个最重要因素是党内有一批有民主思想、懂百姓疾苦、有历史责任感的老共产党人。他们在传统极左体制下多属于思想上的"右派"，在"文革"中历经坎坷并有深刻的反思，在"四人帮"倒台后带着自己的独立思考重返领导岗位。他们对上不唯命是从，对"经典"不照搬照抄，他们是一批把让老百姓吃饱饭看得比传统的"社会主义"教条更重要，并愿意为之奋斗的理想主义者，但绝不是空想主义者。他们又是一批脚踏实地做事的现实主义者，但绝不是为自己的乌纱帽就出卖原则的实用主义者。他们并不是从课堂上学会了市场经济理论，而是从丰富的人生经历中看清楚了中国的前途所在。是他们从体制内推动了改革，并得到了全社会的呼应。在世界各国的历史上，一个执政党能够从内部发动改革、革除自身积弊、重建一个新体制的例子并不多。中国在 80 年代能够做到这一点，这一群人发挥了决定性作用。

改革能够推进的第三个原因是经历了十年"文革"的知识界和一大批上过山下过乡的学界、政界青年新锐，他们了解国情、能接地气，敢于冲破传统意识形态的禁锢，用自己的眼睛看世界，用自己的头脑想问题，用批判的眼光分析体制弊病，又如饥似渴地学习吸收一切有价值的人类精神文明成果，用来改造旧的体制。在改革期间思想自由开放的空气下，学术界敢于打破旧传统，开展广泛的研究讨论，为改革贡献了丰富的精神成果，很多学者也成为推进改革的中坚分子。

以上这三种人的结合，形成了势不可挡的改革大潮。

第3章　迈向市场的进展与挑战：90年代改革

90年代改革的局面是在克服了对改革的阻碍因素之后形成的，关键的转折点是1992年发生的两个标志性事件。其后，在住房改革、分税制改革、价格进一步市场化和汇率并轨、建立社保体系等方面有重要进展，特别是90年代后期推进的国有企业改革，对全局具有举足轻重的意义。但这一时期也出现了一些负面因素的影响，与一些重要领域改革的滞后有关。

1. 两个标志性事件

80年代末出现的改革停滞倒退引起了广大群众和支持改革的各级干部普遍不满和抵制。在关键时刻，邓小平力挽狂澜，于1992年初到南方各省视察，在南方多地的谈话中一再发出了加快改革开放的号召，和"谁要改变三中全会以来的路线、方针、政策，老百姓不答应，谁就会被打倒""谁不改革谁下台"的严重警告。这成为一个标志性事件，媒体纷纷报道，引起了社会各界广泛响应，终于使改革重上轨道。[1]

1992 年发生的另一个标志性事件是下半年召开的中共十四大，阐明了改革的方向是建立社会主义市场经济体制，进一步重申了中共十三大确定的改革方向。

以 1992 年这两个标志性事件为转折点，出现了新一轮改革和发展浪潮，民营经济在宽松政策下发展加快，经济增长加速，增长率重上两位数。这在相当程度上是已形成的市场经济体系按照自身逻辑的自然运动，但某些重要方面体制改革不到位的问题却迟迟没有解决，带来了一系列结构失衡现象。这包括收入分配差距继续扩大，国有企业制度改革未能继续推进，财税体制不适应经济发展要求，宏观管理未能改善带来货币持续超发和通胀，等等。其中，有些方面的问题在后来的相关改革中得到了解决或缓解。

2. 住房改革：老百姓有了自己的财产

改革前，农村居民的财产只有住房没有收归公有，但 1958 年时的一纸政府文件把农民的宅基地也规定为集体所有。城镇一部分居民在新中国成立后仍持有的私有住房在"文革"期间也都归公了，居民的住房都由政府和国有企业提供，大部分条件简陋，但只有在党政机关和国有企事业单位就业者及其家属有资格居住，只需付非常低的租金。如果就业者离开了原工作单位，住房一般也需要

---

1 参见人民网、百度百科相关报道和词条。

交回，由新的工作单位另外分配住房。因此城镇居民除了自己购买的耐用消费品和少量银行存款外完全没有属于自己的财产。

在这种住房制度下，消费者没有自己的选择权，只能被动地服从单位安排。如果握有分房权力的单位领导不能秉公办事，职工也会面临种种困难和不公平待遇。当时的房租确实很低，因此被称为是一种福利性的住房制度。80年代中期曾有测算，全国住房的成本租金是每月每平方米1元左右，而当时的1平方米租金一般只有7~8分钱，不到成本的1/10。50平方米的一套住房，月租金只有3~4元。差额部分，由用人的企事业单位来承担。

但称这样的住房制度为福利性制度其实是很勉强的。因为在计划经济条件下，就业者的工资水平被大大压低，以当时的一般工资水平，居民根本无法承受商品住房的成本。因此用来补贴职工居住成本的单位支出，本来应该是职工工资的一部分。职工的工作单位一方面因职工低工资而获益，另一方面又要付出大量本来不应由工作单位承担或不应完全由工作单位承担的高成本，包括职工住房成本、医疗成本、子女教育成本（很多单位都要设立自己的职工子女学校、幼儿园等），同时还要负担退休人员的养老金和医疗成本。这在当时被称为"企业办社会"。

由于存在这一连串的价格扭曲：低房租、低物价、低工资、"企业办社会"，企业也因此无法进行完全的成本核算，因为上述这些福利支出与企业经营没有直接关系，支出水平是否合理也无从考察。这也是国有企业很难提高效率、有很多企业持续亏损的一个重要原因。反之，亏损企业也可以拿福利性支出负担过重作为借口，为自己的低效率和经营不善开脱。

国有企事业单位负有给职工建造住房的责任，对于少数高收益的行业或单位来说（例如石油、电力、银行等垄断性行业）通常不成问题，而且住房福利有可能很好。收益低的单位，职工住房常常成为单位沉重的负担。如果职工在没有能力提供住房的单位工作，居住就成了最大的难题。

为了改变这种住房制度不合理的状况，从 80 年代起，就有少数城市开始了出售商品房的试验。1986 年，烟台、唐山、蚌埠成为住房制度全面改革的试点城市，随后逐步扩大了试点范围。当时的一般住房改革模式是将原有公房以成本价出售或按成本租金出租给住户，新建房逐渐转为按商品价格销售。

从 1991 年起，全国开始推行城镇住房制度改革，原则上是将福利性分配住房逐步转向以成本价出租或出售，并相应提高工资水平，使职工能够承担居住成本。但当时这项改革推行不力。

1994 年，国务院再次推动全国住房改革，实行"三改四建"。所谓"三改"，即改变计划经济体制下的福利性住房制度，从住房建设投资由国家、单位统包的体制改为国家、单位、个人三者分担；从国家和单位建房、分房、维修、管理住房的体制，改为社会化（商业化）运行体制；从住房实物福利分配方式改为以货币工资分配为主的方式（即在提高房租、房价的同时提高工资）。所谓"四建"，即建立以中低收入家庭为对象、具有社会保障性质的经济适用住房供应体系和以高收入家庭为对象的商品房供应体系；建立住房公积金制度；建立政策性、商业性并存的住房信贷体系；建立房地产交易市场和房屋维修、管理市场。在实行过程中，实际上保留成本价出租方式的不多，大部分城市和单位都选择了住房出售的方式。

这项改革，最大的改变就是原来的公有住房以很低的价格卖给了原来租住公房的城市职工。到 1998 年，全国住房中自有住房的比重已经超过了 50%。同时国务院通知全面停止住房的实物分配，全面转向住房商品化。到 90 年代末，全国大部分城镇居民家庭获得了自有住房。从此多数普通城镇居民有了属于自己的财产。这是一个了不起的变化。

孟子说："有恒产者有恒心。"老百姓有了自己的房产，生活就有了依托，也提升了他们抗风险的能力，如果面临失业、重大疾病或其他意外事件冲击，至少还有安身之处，而且可以用房产作抵押获得融资，以渡过难关。居民改善居住条件也比较容易，他们可以根据自己的经济状况，通过转让原有住房再加一笔新的投资，获得条件更好的住房。对老年人来说，"以房养老"还可以成为他们的补充养老保障。因此，住房私有化的改革，为中产阶级发育提供了必要条件。在此后的经济发展中，也出现过几次经济波动，出现失业增加、通胀上升等情况，但居民生活和社会反应总体稳定，没有受到大的影响。这在一定程度上也应归功于住房改革创造的有利条件。

在住房改革的基础上，房地产业随之发展起来，并逐渐变成中国的一个重要产业。新建住房大部分纳入了商品化经营模式。1990 年，全国商品住宅销售额只有 172 亿元，2000 年已经达到 3228 亿元，2017 年高达 11 万亿元之巨，是当年 GDP 的 13%。

但这项改革也遗留了一些问题，有些问题随着时间推移，变得更加严重。

其一，最初设计的高收入居民住商品房，中等收入居民住低于市场价的经济适用房，低收入居民住政府廉租房的方案没有得到很好落实。由于在现行土地制度下各级政府热衷于卖地和推动房地产开发，商品房事实上成为住房建设的主体，保障性住房的建设被置于次要地位。同时，保障性住房特别是经济适用房的分配没有形成一套严格的制度，有不少地方的党政官员无论收入水平高低都有买经济适用房的优先权，有些富人还能买到多套经济适用房，再转手高价倒卖获利。而大量普通中等收入居民却买不到经济适用房。廉租房常常少之又少，根本不够低收入居民分配。至于拿不到城市户籍的外来转移人口，就只能望房兴叹了。住房政策在实施中这种偏离原来改革方向的现象，反映改革出现了向既得利益阶层倾斜、忽视大众利益和诉求的趋势。

其二，房地产开发领域逐渐演变为腐败的重灾区。开发商往往可以通过贿赂党政官员以低成本拿到开发土地的优先权，或得到更好区位的土地，从而获取暴利。有些相关官员也因此聚敛了巨额财富。有大量腐败案件涉及土地开发中的权钱交易。

其三，商品住宅价格涨幅远远超过了居民消费价格涨幅。近似用全国平均的商品住宅每平方米单价来衡量住宅价格，从 1990 年到 2000 年，居民消费价格（CPI）总共涨了 100%，而住宅单价涨了 188%。这也显著超过了同期的人均 GDP 增长幅度（142%）。在此后的时期房价涨幅与 CPI 涨幅的脱节更严重，例如，从 2000 年到 2010 年，CPI 总共涨了 23%，而住宅单价涨了 143%；从 2010 年到 2017 年，CPI 总共涨了 19%，而住宅单价涨了 61%。实际上，上述平均数还掩盖了问题的严重性，一些大城市的房价涨幅远远高于全国平均水平，成为有住房需求的普通居民沉重的负担。[1]

这些问题，是一系列体制原因造成的，本书后面的部分还将做进一步分析。

3. 分税制改革：均衡分配政府资源

改革初期简政放权，通过"财政分灶吃饭"的改革，把过去由中央政府掌握的财权大量下放给地方政府，使地方政府有了自主支配经济资源的权力；又通过称为"利改税"的税制改革，把政府从企业手里拿走的财力大量还给企业，使企业有了自主权，增强了活力。这些改革对于建立市场经济体制来说都是必要的，但当时的财税体制还很不规范、很不完善。

其一，当时的"财政分灶吃饭"是基于之前地方财政上交中央的基数，增长部分与中央按比例分成。这在当时比较容易实行，但各地财政对中央的贡献缺乏一套统一的制度规范，自然也就存在各地苦乐不均的问题。例如，当时广东财政上交负担较轻，而上海财政上交负担则重得多。

其二，实行分成制度后，中央拿小头，地方拿大头，时间长了，中央财政日趋紧张。1993 年中央财政收入只占全国财政收入总额的 22%，占 GDP 的 2.7%，导致中央财政捉襟见肘。

其三，因为税收体系不完善，实行"利改税"改革和各种减免税优惠政策后，企业收入增长快，政府收入增长慢，因此随着经济发展，政府收入占比逐年降低。1978 年，财政收入占 GDP

---

1 数据见国家统计局历年《中国统计年鉴》，中国统计出版社。

的 31.1%，实行了两步"利改税"后的 1985 年，财政收入占 GDP 的 22%，但此后每年继续下降 1 个百分点以上，到 1994 年降到了 10.8% 的低点。同样从 1978 年到 1994 年，包括财政收入、预算外资金收入、估算的土地出让收入和社保基金收入的全口径政府收入占 GDP 之比从 40.2% 下降到 16.7%。[1] 政府收入过低使必要的公共服务职能难以履行。

针对这种情况，1994 年推行了分税制改革，按税种划分中央税、地方税和中央地方共享税，分别征管，中央再对地方进行税收返还和转移支付。这次改革统一了税制，规范了中央和地方财政收入，扩大了增值税的征收范围，使之成为最重要的税收来源。税制改革提高了中央财政收入比重，也使全国财政收入占 GDP 之比逐年回升。到 2000 年，财政收入占 GDP 比重回升到 13.4%，估算全口径政府收入比重达 20.5%，分别比 1995 年的低点提高了 3~4 个百分点，政府收入过低和中央财政资金短缺问题得到缓解。[2]

这次改革，是财政走向规范化的一步，但也在相当程度上照顾了地方的既得利益。尽管实行了分税制，还是采取了"保基数"的办法，即对实行分税制后利益受损的地区，用税收返还的形式给

1　需要说明，1993 年前的预算外收入数额很大，超过财政收入总额，是因为当时的预算外收入统计包括了国有企业收入。本书中笔者对该时期预算外收入的计算已剔除了国有企业收入。自 1993 年起，预算外收入统计不再包括国有企业收入，预算外收入总额也就下降到 1433 亿元（1992 年为 3855 亿元）。有人认为当时数额大是因为包括土地出让收入，是一个误解。

2　数据来自国家统计局网站和财政部网站，全口径政府收入由笔者根据以上数据计算得到。

予补偿，使其财政收入的"基数"不受影响。后来随着财政收入增长，才使基数部分逐渐缩小。

1994 年分税制改革还遗留了其他若干问题。

其一是中央和地方的税权分开了，但没有根本解决与中央和地方事权（职能）划分相匹配的问题；各级政府谁该干什么，虽有基本职权范围的划分，但财政保证并不明确，尤其是中央对地方的转移支付缺乏与事权匹配的规范的实施标准，因此留下了很多模糊的空间。当然这并不是税制改革能够解决的问题，需要通过财政体制和行政管理体制的改革来解决；这说明在税制改革的同时还应当相应推行内容更广泛的财政改革和行政体制改革。这方面的缺憾遗留至今。

其二是实行了分税制改革后，财政收入和全口径政府收入占GDP 的比重一直在上升（这里计算的全口径政府收入，在当时包括财政收入、预算外资金收入、估算的土地出让收入和社保基金收入，后来时期包括财政收入、政府性基金收入、社保基金收入和国有资本经营收入）。税改之后，政府收入比重出现了缓和的上升。这在当时是一个合理现象，但后来并没有稳定在一个适当的比例上，而是一直保持了上升势头。财政收入占 GDP 之比在 1995年是最低点，只占 10.2%，2000 年达到 13.4%，2010 年就上升到20.1%，2015 年达到了 22.1% 的高点。2017 年比 2015 年小幅回落了 1.2 个百分点，至 20.9%（见图 8）。这说明在这二十几年间政府财政收入增长远远快于 GDP 增长。从 1995 年到 2017 年，按现价计算的 GDP 年均增长 12.6%，而财政收入年均增长 16.3%。

全口径政府收入占 GDP 之比显著更高，增长也更快，1995

年占 16.3%, 2000 年上升到 20.4%, 2010 年到 33.8%, 2017 年到 36.7%。这一比例与改革开始的 1978 年相比, 已经相差无几, 而且至今并未发生回落（见图 8）。这说明现行税制和税收征管体系对保证政府收入的考虑偏多, 而对保持社会负担的合理水平和平衡分配关系缺乏综合考虑。在现行税制下税负主要由企业承担, 因此企业的实际税负有逐渐加重的趋势。

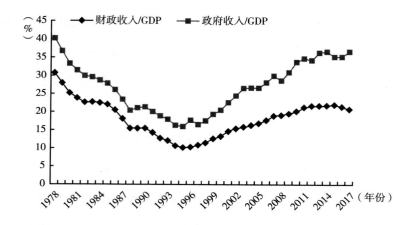

图 8　财政收入和全口径政府收入占 GDP 比重的变化

资料来源：根据财政部历年全国财政收入（一般公共预算收入）、财政预算外收入、土地出让收入、政府性基金收入、社保基金收入、国有资本经营预算收入数据计算得到, 数据见财政部网站。

其三是在中央和地方间的财力分配上, 财力向中央集中偏多, 地方政府财政收入下降, 当时有些地方一度连公职人员的工资都不能按期发放, 公共服务支出自然也受到影响。为缓解地方财政困难, 地方政府加大了征地卖地、收取土地出让金的力度。

地方政府有偿出让土地、收取土地出让金是通过学习香港经验，自 1987 年从局部地区开始的。1987 年 11 月，国务院批准在深圳、上海、天津、广州、厦门、福州进行土地使用制度改革试点，允许土地有偿出让。1990 年 5 月国务院发布土地出让的暂行条例，使之成为一项普遍政策。当时规定土地出让收入由地方和中央按比例分享，纳入财政预算管理（但实际未纳入财政预算，后列入政府性基金收入），出让规模也很有限。1993 年末，国务院《关于实行分税制财政体制的决定》取消了土地出让收入由地方和中央共享的规定，明确列入地方收入，也扩大了土地出让金支出的范围。这方面缺乏早期统计，据《中国国土资源统计年鉴》数据，1998 年全国土地出让收入 507 亿元，相当于地方财政收入的 10%；以后逐年扩大，2002 年就迅速上升到 2417 亿元，相当于地方财政收入的 28%；2007 年突破了 1 万亿元；到 2017 年更猛增到 5.21 万亿元，相当于地方财政收入的 57%。

土地出让收入弥补了地方财政的不足，当时起了积极的作用，但后来土地出让金越收越多，成为地方政府收入的主要来源之一。地价和房价也随之越推越高。由于土地收入缺乏严格管理，地方政府可以自由支配，花起来方便，刺激了地方政府的积极性，使之凭借对土地市场的垄断不断推高地价，进而也推高了房价。在实践中，土地收入常常大量用来投资修建为政府自身服务的楼堂馆所和用于政府"三公消费"、补充行政支出，因此土地收入的使用也出现越来越多的问题。因为缺乏监督，地方党政一把手对土地收入拥有实际支配权，使得围绕土地收入的腐败案件层出不穷，成为严重弊端。

4. 实现价格市场化和汇率并轨

1988年的"价格闯关"虽然叫停了，但价格市场化的进程并未停止，而是在价格双轨制框架下，随着由市场调节的民营经济及其他非国有经济成分不断发展壮大，市场价格调节范围也随之不断扩大。加上计划价格调节在某些领域的主动收缩，使市场价格调节范围在90年代前半期已经占了主导地位，成为经济的主要调节者。客观上这还与80年代末和90年代初期遇到的经济困难有关。当时由于国外封锁，在偏冷的经济环境下，市场价格相对低迷，因而与计划价格之间的相对差距大大缩小，给部分领域放开价格控制提供了方便条件。

1997年，商品零售价格、生产资料价格和农产品收购价格中由市场定价的比重分别占到了92%、79%和80%（按分省份平均计算），已经确立了市场价格作为经济主要调节者的地位。到2000年，三类产品价格由市场定价的平均比重达到了89.7%，受政府控制的部分只剩下10%左右。至此，价格体制基本上实现了向市场价格并轨，价格双轨制作为价格改革过渡方式的历史使命已大体完成。政府定价（原来计划价格的延续）虽然还存在，但在经济中已经不占很重要的地位了。双轨制价格向市场价格并轨，使价格能够对市场供求关系发挥全面的调节作用，对实现供求平衡，优化资源配置，都有重要意义。[1]

1990年代还发生了另一有重要意义的变化，即1994年实现了人民币官方汇率与市场汇率并轨。中国从1979年开始对地方政府

1　数据见中国物价年鉴编辑部编历年《中国物价年鉴》，中国物价年鉴社。

和企业实行了外汇留成制度。由于外汇短缺，按一定比例给创汇的地方政府和企业保留外汇额度，允许其使用外汇时在额度内按官方汇率购买外汇，是对创汇的一种鼓励。当时由于官方汇率定价远远高于市场汇率，使外汇成为一种稀缺资源，持有外汇者轻易不愿放弃。这也影响了外汇的转让和有效利用。1980年起，由中国银行开办了外汇调剂市场，允许持有留成外汇的单位在调剂市场上转让多余的外汇额度，汇率允许在一定范围内浮动，后来该政策又扩大到外资企业和持汇的个人。当时的人民币官方汇率高于调剂市场的浮动汇率，实际上形成了汇率双轨制。在一段时期内，还实行过对创汇企业按高于官方汇率的内部结算价结汇，因此曾经出现过汇率三轨制。

官方汇率高估人民币币值，有诸多不利影响，因为这人为加剧了外汇短缺，无法实现供需平衡，对出口还有抑制作用。1978年，人民币兑换1美元的官方汇率是1.72元，大幅度高于黑市汇率。后来几经贬值，缩小了与市场汇率的差距，到1990年降至4.78元兑换1美元，但仍然与市场汇率有很大差距。1994年1月，官方的人民币兑美元汇率由上年的5.76一次性贬值至8.72，并允许有限浮动，终于实现了官方汇率与市场汇率的并轨。这一改革为中国经济与世界经济的接轨奠定了必要的基础条件。[1]

第3章　迈向市场的进展与挑战：90年代改革

1　数据来自国家统计局网站和历年《中国统计年鉴》，中国统计出版社，部分年份由笔者根据人民币和美元计价的外贸进出口总额计算得到。

115

5. 国有企业改制：打破传统所有制观念

改革期间，国有企业虽然从计划管理逐步转向市场调节，并依照市场原则实行了自负盈亏，但还有一系列机制没有理顺。首先是政府对企业的管理机制没有理顺，政府管企业很难做到像私人所有者管非国有企业那样目标明确、手段简单有效。不同政府部门往往对企业有多种不同要求，有时干预过多使企业不能专注于经营业绩，影响了企业活力，有时放任自流导致某些企业管理者监守自盗，挥霍窃取公共资产，造成企业亏损。在政府管理下的企业常常面临"软预算约束"，事实上"负盈不负亏"，即企业盈利时利益均沾，皆大欢喜，亏损时互相推诿，无人担责，最终只能由政府买单。

有些领导人囿于传统意识形态，担心承担"私有化"和"造成国有资产流失"的罪名，迟迟不愿推进国有企业改革。但事实上，不改革，国有资产每天都在流失，只是没有人承担责任。进行国有企业改革，如果在实施过程中监管不善，也可能出现国有资产流失，但这不能成为不改革的理由。在正常情况下，国有企业可能通过出让股权转变为股份制企业或民营企业，但并不意味着国有资产发生了流失，只是转变了资产形态，从实物资产转变为货币资产；只要交易是公平的，资本价值并未改变。将这些资产转投盈利更好的企业或领域，反而能够带来国有资产增值。因此国有企业改革的一个关键，是从政府管企业转向管国有资本，从行政管理转变为价值管理；而这就需要改革国有企业的管理制度，向现代企业制度过渡。

1993 年，中共十四届三中全会通过了《中共中央关于建立社会主义市场经济体制若干问题的决定》，要求国有企业建立现代企业制度，主要是公司制，要点是产权关系明晰，依法自主经营，出资者享有所有者权益并承担有限责任，企业以经济效益为目的，政府不直接干预企业生产经营，合理调节所有者、经营者和职工关系，形成激励和约束相结合的经营机制。该决定鼓励大中型国有企业改组为独资公司、有限责任公司或股份公司。但这些改革遇到较大的阻力，在一段时间内进展缓慢。同时国有小企业如何改革，也没有找到有效的途径。

1995 年，全国的国有中小型工业企业全面亏损。据全国工业普查资料，1995 年在全部 8.8 万家独立核算国有工业企业中，亏损企业已经上升到 3.0 万家，亏损企业的亏损总额高达 640 亿元，赔掉了国有企业盈利的一半。其中大、中、小型企业亏损面分别占到 28%、35%、34%。中小型国有企业盈亏相抵后全面净亏损 57 亿元。1996 年，中小型国企净亏损更上升到 158 亿元，全部国企净盈利下降到 412 亿元。面对这种情况，中央和国务院毅然抛弃传统意识形态观念，对国有企业实行了"抓大放小"的改革，主要内容是对大型国企进行公司化、股份化改造，对小型国有企业进行大规模改制，包括兼并、租赁、出售和破产关闭。[1]

在这一改革中，许多经营不善的国有小企业破产倒闭或转制为民营企业[2]，国有及国有控股工业企业总数从 1995 年的 11.8 万家

1　第三次全国工业普查办公室编《中华人民共和国 1995 年第三次全国工业普查资料汇编》；国家统计局：《新中国六十年统计资料汇编：1949~2008》（2010 年）、历年《中国统计年鉴》。

2　在严格意义上，如同国营企业改称国有企业一样，民营企业也应当称为民有企业。本书使用的"民营企业"只是沿用了习惯称呼。

减少到 2000 年的 5.35 万家，企业数减少了 55%。与此同时，大中型国有企业也加快了公司化改造的步伐。2000 年，在工业企业中，有限责任公司和股份有限公司的数量分别达到 1.3 万家和 5086 家（多数应为前国有企业），国有独资公司 1226 家。尽管国有控股企业总数比 1995 年减少了一半以上，但同期国有控股工业企业利润总额则从 665 亿元上升到 2408 亿元，产值利润率从 2% 上升到 6%，整体情况出现了大幅度改善。到 2005 年，国有控股企业数量进一步减少，但产出继续增长，利润率进一步提高，亏损企业的亏损额与利润额相比的比例进一步下降，国有企业改革成效显著（见表 10 ）。

表 10　国有工业企业数量和工业总产值在改制后的变化

年份	国有工业企业数（万家）	工业总产值（万亿元）	利润总额（亿元）	亏损企业亏损总额（亿元）	产值利润率（%）	亏损额 / 利润额（%）
1995	11.80	3.12	665	640	2.1	96
2000	5.35	4.06	2408	646	5.9	27
2005	2.75	8.37	6447	1026	7.7	16

注：2000 年以后数据为国有控股企业数。

资料来源：第三次全国工业普查办公室编《中华人民共和国 1995 年第三次全国工业普查资料汇编》；国家统计局：《新中国六十年统计资料汇编：1949~2008》（2010 年）、历年《中国统计年鉴》。

所谓"抓大放小"的改革是由山东省诸城市（一个县级市）首先发起的。1992 年，该市对所属 150 家国有企业进行清产核资发现，其中 103 家亏损，43 家资不抵债，很多企业发生了国有资产流失。这促使市政府下决心对国有企业进行全面改制，包括实行股份制、股份合作制、中外合资等，改制企业建立了股东大会、董事会、监事会、职工代表大会等机构以改善企业治理。改制后多数企业扭亏为盈，效益有重大改善。从 1992 年到 1996 年，实现利税超过 1000 万元的企业从 1 家增加到 32 家。例如其中一家生产绝缘材料的四达公司，利税从 87 万元上升到 1995 年的 1024 万元，增长10 倍以上。

诸城的国企改制在当时引起了媒体关注和普遍好评，但也引来了大量"姓公姓私"的争议。支持者认为这项改革利国利民，反对者攻击其"化公为私"、走资本主义道路、使国有资产流失，一些对改革怀有恶意者甚至把主持改制的市长陈光称为"陈卖光"。1996 年初，中央派调查组赴诸城调查改制，随后朱镕基亲赴诸城调查，均得出了改制效果显著、群众满意、方向正确的结论。这才使全国范围的国有企业改制得以推开。

1999 年和 2002 年，笔者两次参加了对全国多个城市已改制和未改制的国有企业进行的中外联合调查，亲眼看到很多国企改制后扭亏为盈或者效益显著改善的案例。[1]

90 年代的国有企业改制总体上是成功的。如果没有这样大刀阔斧的改革，大量经营不善的国企会成为长期拖累经济发展的沉重包袱。事实证明，靠对国企的行政保护和特殊照顾，既不能提高效率也不能防止国有资产流失。用传统意识形态在国企和民企之间划分亲疏远近，违背了市场经济的基本原则。只有打破"姓公姓私"的界限，遵循公平竞争原则，大胆改革国企体制机制，才能把国有

1　这两次调查由国家经贸委和世界银行国际金融公司联合组织，在济南、长沙、无锡、成都、重庆、唐山、贵阳、哈尔滨、潍坊、镇江等城市进行。

资产管好管活。同时在为经济发展和社会繁荣做出贡献方面，民营企业和国有企业没有不同。事实上，大量实践证明民营经济更加充满活力；而国有企业在体制方面存在的问题如果不能妥善解决，反而可能拖累经济和社会发展。

笔者在调查中发现，这次改革中也出现了一些问题。一是一些地方国企改制的过程欠公开透明，程序欠规范，有些地方出现低估瞒报国有资产、幕后交易、私相授受的情况，导致国有资产流失，一些职工利益受损，有少数人发了不义之财。二是事先准备不足，没有预先建立起新的社会保障体系，企业改制中职工大量下岗失业，尽管发放了下岗生活费，仍有很多人生活陷入困难。由此得到的教训是，今后此类改革需要有更充分的准备和周到的程序设计，保证过程公开透明，结果公正。同时在市场经济灵活用工的条件下，必须建立起完善的社会保障体系作为必要补充，使每个劳动者的基本权利得到保障。

事后可以看得很清楚，在民营经济发展良好的沿海地区，国企改制对劳动者的就业和收入都没有发生大的影响，因为国企下岗职工很快就被民营企业吸纳。出现问题较多的，主要是西部和东北地区一些仍然国有企业独大、民营经济没有发展起来的地方。

90 年代后期在国有企业改制的同时，全国也出现了乡镇企业大量改制的情况。乡镇企业在 80 年代一度辉煌，当时大部分乡镇企业是乡办或村办集体所有制企业，在国有企业对市场迟迟没有反应，而民营经济还没有发展起来的时候，乡镇集体企业率先进入市场，根据市场需求进行生产，填补空缺，取得了骄人的成绩。但集体所有制企业也有一些先天不足的地方，主要是产权不够明确，市场风险对经营者缺乏强有力的约束。

90年代前期邓小平"南方谈话"之后,各地掀起了一场"大干快上"的风潮。但当时货币供应和信贷过于宽松,M2连年以30%左右的超高速增长,促使许多乡镇企业大量借款投资,而90年代后期在货币供应趋紧和市场竞争越来越激烈的压力下,很多企业因负债过高和产品销售不畅发生了债务危机,再加上乡镇企业布局分散、规模普遍偏小的劣势,不少企业最终在市场竞争中败下阵来,不得不进行改制重组。

曾以集体所有制乡镇企业强劲发展著称的"苏南模式",也在这个时候转向了股份制和民营经济模式。笔者曾于2001年对江苏江阴市的乡镇企业改制进行了调查。根据笔者当时的调查笔记,该市原有乡镇企业7204家,调查时已有6641家进行了改制。企业改制在90年代后期展开,多数企业的改制在2000年以前完成。2000年,全市GDP达到328亿元,利税为58亿元,均比改制前出现了大幅度增长;全市财政收入25亿元,比上年增长46%。

以该市周庄镇为例,原有两百多家乡镇企业,曾经发展良好,但改制前已经有不少企业资不抵债。从1997年开始,大部分企业改制为股份有限公司、私营企业、股份合作制企业、中外合资企业等,有些企业进行了集团化重组。改制后,绝大部分企业稳健发展,债务大部分已偿还,2000年全镇企业实现销售收入55亿元,纳税1.5亿元,利润××亿元(笔记字迹不清),各项指标连续保持了每年20%以上的增长。其中江阴模塑集团还大规模投资进行技术改造、研发和引进科技人才,发展势头很好。

6. 建立社保体系：市场的必要补充

计划经济时期，社会保障仅限于党政机关和国有企事业单位职工。这些单位实行固定就业制，并由单位承担职工住房、医疗和退休人员的退休金等福利。这给国有单位职工提供了基本生活保障，但也使很多国有企业负担沉重。而其他城乡劳动者和居民，除了低水平的农村合作医疗外没有任何社会保障。改革期间，劳动力开始自由流动，市场调节范围越来越大，但因缺乏保障，很多劳动者在遇到失业、疾病等问题时面临困难。缺乏社会保障也是导致收入差距越来越大的原因之一。

作为对市场经济的必要补充，从90年代中期开始加快了建立社会保障体系的进程，特别是随着1995年以后的国有企业改制，发生了大量国有企业职工下岗、很多人生活面临困难的情况，促使这一工作进展加快。1997~1998年，国务院正式决定建立城镇职工基本养老保险和基本医疗保险制度，1999年公布了《失业保险条例》。

到2000年，城镇职工失业保险和职工基本养老保险分别覆盖了1.03亿人和1.04亿人（不包括已退休人员），城镇职工基本医疗保险、工伤保险和生育保险进展相对较慢，到2000年分别覆盖了0.38亿人、0.44亿人和0.30亿人。除生育保险外的上述四项保险，对全国城镇就业人员总数的覆盖率分别为45%、45%、16%和19%。当时这些社会保险主要覆盖的还是国有企业职工，但在逐步向非国有企业扩展。[1]

社会保障体系的建立是一项重大进步。一个只讲效率，不讲公

1　国家统计局：《中国统计年鉴》，中国统计出版社，2001。

平的社会，还不是一个现代社会。纵观世界进步的潮流，可以清楚地看到 19 世纪早期资本主义完全自由放任、赢者通吃、适者生存的主张早就被现代发达国家所抛弃。当今所有发达国家，在维护一个健康的市场经济体系的同时，都已建设了比较完善的社会保障体系，能够有效保护弱势群体，原则上让每个社会成员都能够体面地生活。在这方面，我国在早期改革中还有不少人出于对计划经济体制弊病的反感，过于相信新自由主义极端派的主张，以为市场可以解决所有的社会重大问题，包括收入分配问题，不需要进行任何干预。与计划经济坚持者的观念类似，这同样是一种严重落伍的观念。

建立旨在覆盖社会全体成员的社会保障体系，意味着中国改革避免了以完全自由放任的原始市场经济为蓝本的误区，在向兼顾效率和公平的现代市场经济过渡。只是在这一时期还远没有实现社会保障全覆盖，特别是对非国有经济部门劳动者的覆盖面还很有限。同时，针对城乡非就业人口的社会保障体系，当时还没有建立起来。

7. 经济增长：民企与国企的竞赛

90 年代，经济继续保持高速增长，GDP 年增长率达到 10.4%。与计划经济时期年均 5.1% 的增速相比，高出 5.3 个百分点。从 1990 年到 2000 年，全国人均 GDP 按汇率折算从 348 美元上升到 959 美元，中国由低收入国家跨进了中等收入国家的门槛。[1]

这期间农业增长比 80 年代减慢，但继续高于改革前。这期间，

1　数据见国家统计局历年《中国统计年鉴》；世界银行历年《世界发展指标》（中文版），中国财政经济出版社。

市场导向的非国有工业企业继续保持了年均超过 18% 的高增长率，继续领导了经济高速增长；而同期国有企业年增长 10.9%。根据统计数据，非国有企业占工业总产值的比重从 1990 年的 45% 上升到 2000 年的 53%，占比已经超过了国有和国有控股企业而占据工业主导地位。非国有企业包括私营企业、民间资本控股的股份公司和有限责任公司、外商和港澳台商控股的三资企业、集体所有制企业等，其中以私营企业和民资控股的内资企业发展最快，此外，港澳台资企业本来也是中国企业，也都属民营。因此本书以下部分，将农业以外的非国有企业部门统称为民营企业部门。

表 11 根据统计数据近似推算出 90 年代农业部门，第二、三产业中部分市场导向的国有经济部门和市场导向的民营经济部门各自对经济增长加速（与改革前 20 年即 1958~1977 年相比）的贡献。计算结果显示，按市场机制运作的民营经济发展生机勃勃，是这一时期经济高速增长的主要贡献者。国有企业的效率有所提高，但仍存在某些体制问题，其增速和对经济增长加速的贡献显著低于民营经济。

表 11　经济高速增长的贡献因素（1991~2000 年）

	年增长率（%）	对增长加速的贡献（百分点）
GDP	10.4	5.3
农业	3.8	0.4
国有经济	10.9	1.4
非国有经济	18.4	3.5

注：计算方法和数据来源同第 2 章表 9。

改革期间，民营经济能够超高速发展，并非享有什么特殊的政策优惠。民营企业一般情况下很难得到政府资金支持，与国有企业

改革之路

相比从银行贷款难度较大，在获得土地等稀缺资源方面不具有国有企业的有利条件，与外资企业相比不享受外资减免税等优惠政策，进入某些产业领域还会受到种种限制或者不能进入。

在这种情况下民营经济能够快速发展起来，根本原因在于它们完全按照市场规则运作，盈利优先的目标使它们有更强的激励机制，如果持续亏损也得不到保护，只能破产，因此迫使它们不断提高效率。它们也会自动向供应短缺、盈利率高、发展前景好的领域扩展，从而实现资源配置优化。它们的决策机制更加灵活，能够对市场变化随时做出反应，而且市场竞争优胜劣汰的机制会自动淘汰那些效率低的企业，使高效率企业能够做大做强。

民营企业更好的绩效是体制因素决定的，与经营者的人品如何无关。民营企业老板中也不乏有人制造假冒伪劣产品、偷税漏税、寻租行贿、赚钱后花天酒地挥霍。但在较完善的市场竞争环境中，一般来说这类企业迟早会被淘汰，而且市场竞争越是公平有序，法治环境越是良好，这类企业就越容易被淘汰。而能够做大做强的企业，通常是效率更高、经营管理更好、能够以更加质优价廉的产品满足市场需要的企业。

与之相比，国有企业的激励较差，通常对盈利和提高效率不够关心，经营往往求稳怕乱、不冒风险，内部决策过程比较复杂缓慢，很多事还要向上级请示，同时又经常受到来自政府的行政性干预和各种条条框框的限制。在用人方面，不像民营企业那样灵活，对冗员、低效率者甚至消极怠工者都不能轻易解雇，使企业背上了沉重的包袱。即便是经过了90年代中期的国有企业改制之后，上述这些问题也未能彻底解决，只有实行了公司化管理尤其是转制为股份公司的国有企业有了相当程度的好转。这些因素决定了国有企业与民营企业相比，绩效仍然存在显著差异，发展也相对缓慢。

1997 年 8 月，中共十五大报告明确提出"非公有制经济是我国社会主义市场经济的重要组成部分"。这是继 80 年代完成民营企业合法化立法后进一步强调民营经济重要地位的一个关键性政策变化。

8. 收入差距日益扩大，政治改革需要推进

1990 年代，分税制改革和社会保障体系的建立为现代市场经济准备了重要的条件；民营经济继续保持高速增长，大量国有企业进行了改制，价格和汇率进一步市场化，这些意味着市场化改革是有进展的。还应提及的是，长期超发的货币和信贷在 1998 年以后的几年中得到了一定程度的控制。M2 和人民币贷款增长率在 1991~1997 年间分别为 29% 和 23%，在 1998~2000 年间终于分别降到 14% 和 10%，而且一度控制了杠杆率飙升，这些有利于宏观经济的稳定。但这 10 年间，改革也存在明显的缺失。

1990 年代，城镇居民人均可支配收入继续保持了 6.8% 的年增长率，而农村居民人均收入年增长率减慢至 4.5%，虽然仍高于改革前，但显著慢于城镇居民收入增长，城乡居民收入差距从 1990 年的 2.2 倍扩大到 2000 年的 2.8 倍。各阶层居民间的收入差距也在同时扩大。1990~2000 年间，根据官方统计数据计算的全国居民收入基尼系数从 0.35 上升到 0.41，进入了高收入差距时期。[1]

这一时期，城市经济发展快于农村，沿海地区发展快于内地，

1 数据见国家统计局网站和世界发展经济学研究所网站。

企业经营者、高端专业人员等人群的收入增长快于普通工薪阶层。因此除了城乡居民收入差距在扩大，沿海和内地的地区间收入差距、不同阶层间的居民收入差距也在扩大，导致了全国范围的居民收入差距扩大。在向市场经济体制转轨过程中和经济发展的一定阶段内，发展有先有后、有快有慢，这种情况是难以避免的，但国际经验证明，通过建立全社会覆盖的社会保障、公共服务体系、财政转移支付和收入再分配体系，完全可以把收入差距控制在一定范围以内，起到保护低收入居民和弱势群体的作用。但在这方面，90年代进展比较缓慢，是一个明显的不足之处。

更严重的问题是，这一时期腐败、官商勾结和公共资源流失等非正常现象趋于严重，导致了不公平的收入分配和收入差距过度扩大。在防止权力腐败和不公平分配方面，短期能采取的措施是严格政府财经纪律、加强政府内部监督管理，而从长期来看，更根本的是需要形成一套法制体系和社会公众对政府进行监督的制度，保证政府行政和财政体系公开透明、依法依规运行。这些是政治体制改革的任务。由于改革采取了先易后难、先经改后政改的策略，政治体制改革在一定时期内延迟推进是可以理解的，但延后不等于不改，逐步推进政治体制改革不仅是必要的，也是至关重要、不可或缺的。

这一时期，最大的缺憾是没有适时推进政治体制改革，而且改革初期已经付诸实施的党政分开、政企分开等改革也没有坚持下来。80年代推行的党政分开、政企分开的改革，针对的是过去各级党组织一把手独断专行，不受社会监督、没有民主理政、违法不担责任的那样一种体制。在这种体制下，很容易发生少数人的个人意志凌驾于党和人民之上，凌驾于法律之上，导向个人崇拜和集权专制。改革前的"反右运动""大跃进""文化大革命"等重大错误之所以能发生而且长期得不到纠正，以致酿成严重损害人民利益的灾难性后果，都与这一体制因素密切相关。

80年代的改革，虽然采取了先易后难、先经改后政改的策略，但还是把政治体制改革列入了改革日程，并从党政分开和政企分开做起。党政分开旨在使党组织和政府机构之间实现合理分工，党组织负责大政方针，政府负责行政管理事务，党组织能对政府机构进行监督但不越界干预，有利于避免权力过度集中及某些个人和机构对各项事务的不当干预，有利于政府官员专业化，政府职能规范化，有利于依法行政。政企分开旨在减少党政机关对企业的不当干预，使企业能够作为独立自主的经营主体在市场上运作，真正实现自负盈亏，对企业绩效负责任。可惜的是，这两项改革在90年代未能继续推进。改革前那种党政合一、政企合一、权力过度集中、机构职责不明、不能依法行政的体制弊病得以延续。事实证明，这种体制缺陷给有些人滥用职权、为所欲为提供了机会，少数人甚至演变为高高在上、目无法纪的"土霸王"，这是导致官场风气不正、腐败日益蔓延、分配差距扩大的重要原因，也使市场分配资源的功能受到干预、发生扭曲。

改革之路

第4章　发展、民生与结构问题：2000年代

进入21世纪的第一个十年间，有几项有全局改革意义的积极变化：其一是中国加入了世界贸易组织（WTO），也因此推动了一些国内制度改革，世界大门向中国打开，经济外向化程度迅速提高，促进了进出口贸易和出口加工业高速发展；其二是在城镇化政策方面有积极的变化，促进了城镇化发展；其三是在改善民生方面有政策调整，并加快了社会保障体系建设。

同时在这一时期，也发生了一些消极的变化：一是居民收入差距继续扩大，贫富不均日益严重；二是围绕权力发生的腐败达到了前所未有的程度；三是宏观政策短期化，尤其在国际金融危机时期，货币过度宽松和各级政府大规模借债投资给未来发展造成了长期隐患；四是政府支配资源的程度扩大，对企业的干预增加，干扰了市场优化资源配置的功能。其中政府垄断土地市场，

城镇化"见物不见人",是导致结构失衡、扭曲收入分配的重要因素。

1. 加入 WTO：成为国际贸易平等伙伴

中国在经过艰苦谈判后，于 2001 年加入世界贸易组织（WTO）。这意味着中国作为一个平等的国际贸易伙伴被世界组织接纳，各国的贸易大门随之对中国打开。加入 WTO 的过程是一个全面参与世界市场的过程，同时也是一个国内改革的过程。由于中国改革采取了渐进的方式，因此也留下了许多改革不彻底的领域。有很多与市场经济原则相抵触的法律法规和传统管理方式没有能够认真清理和改变，其中有不少直接与国际通行的贸易和投资规则相冲突。借加入 WTO 的谈判过程这一外力的推动，对此进行了清理，因此改善了国内市场环境，不仅促进了中外企业平等竞争，对国内企业经营条件的改善也起了积极作用。

加入 WTO 意味着降低关税壁垒和行政壁垒，放弃对国内产业的过度保护。短期内，国内经济会受到一些进口冲击。但后来的事实证明，在加入 WTO 以后的一个时期内，中国的进出口贸易和出口加工业都有突飞猛进的发展，而且出口增长持续领先于进口增长，贸易顺差迅速扩大。

能做到这一点，首先是因为我国劳动密集型产业的比较优势得到了发挥。我国劳动力资源丰富，农村有大量剩余劳动力，劳动者吃苦耐劳，具备起码的教育水平，工资水平则相对较低，因此我国的劳动密集型产业具有非常显著的比较优势。事实上在我国加入 WTO 后，大量国产劳动密集型产品迅速占领了世界市场，我国成为中低端制造业产品的主要出口国。这对经济增长起了强有力的带动作用，而且国内丰富的劳动力资源得到了有效利用，大大增加了就业机会和劳动者收入。另一方面，我国幅员辽阔并已经具备了较好的工业基础，形成了若干产业集群，有强大的产品配套能力，也是出口产业竞争能力强和发展快的重要原因。

在国内市场上，由于进口快速增长，企业直接面对来自国际市场的竞争，但在多数情况下并没有被打垮，反而培养锻炼了它们的竞争能力；企业也从国际竞争对手那里学到了很多技术、管理经验和营销技能，提高了效率，改善了经营。这些也与我国在加入WTO的过程中清理过时的法律法规，从而改善了国内制度环境有关。

2000年，我国货物进出口贸易总额4743亿美元，相当于我国GDP的39.2%，只占世界贸易总额的3.7%；到2010年已达到29740亿美元，与GDP的比例上升到约49%（这期间由于人民币相对于美元升值，与GDP之比上升相对缓和），而占世界贸易总额的比重从3.7%大幅度上升到9.7%（见表12）。2000~2010年这10年间，以美元计价的货物进出口贸易额扩大了5.3倍，年均增速高达20.2%（2001~2008年间年均高达23.5%）。货物贸易顺差从2005年就超过了1000亿美元，最高时（2008年）达到2981亿美元，该年货物和服务净出口接近GDP的8%，2010年净出口仍占到GDP的3.7%。出口产业的快速发展是这一时期推动经济高速增长的一个最突出原因。

表 12　中国货物进出口贸易总额与 GDP 之比和占世界贸易份额

年份	进出口贸易总额（亿美元）	相当于中国 GDP（%）	占世界贸易份额（%）
1980	381	12.4	0.9
1990	1154	29.5	1.7
2000	4743	39.2	3.7
2010	29740	48.8	9.7

资料来源：国家统计局历年《中国统计年鉴》。

2008~2009 年间，发生了国际金融危机，对我国的外向型产业产生了很大冲击。2009 年我国外贸出现短暂而剧烈的下降，进口和出口总额分别下降了 11% 和 16%，但 2010 年就已迅速恢复，总额显著超过了 2008 年的水平。

2. 城镇化进一步加速

我国在改革以前的 20 年计划经济时期，城镇化率每年只提高 0.1 个百分点。在改革初期的 1978~1990 年，每年提高 0.7 个百分点。1991~2000 年，每年提高 1 个百分点。2001~2010 年，城镇化进一步加速发展，城镇化率每年提高约 1.4 个百分点，从 36% 提高到 50%。这期间城镇常住人口增加了 2.1 亿人，乡村常住人口减少了近 1.4 亿人（见表 13）。

表 13　城镇化率的长期变化和年均提高幅度

年份	城镇化率（%）	该时期城镇化率年均提高（百分点）	该时期每年城镇人口增加（万人）
1957	15.4		
1977	17.6	0.1	336
1990	26.4	0.7	1040
2000	36.2	1.0	1571
2010	50.0	1.4	2107

注：表中"该时期"指本行与上一行年份之间的时期。

资料来源：国家统计局历年《中国统计年鉴》。

这 10 年间，农村劳动力大量转向城镇非农产业就业，人均工资水平虽然不高，但通常是他们在农村务农收入的 2~3 倍；而且因为农业劳动力过剩，他们离开农村并不会导致农业产出下降。因此这些劳动者在城镇非农产业新创造的价值都是增加值的净增长，意味着城镇化使劳动力资源配置优化，大幅度促进了生产率提高和经济增长。

这期间的城镇化加速主要有如下三个原因。

城镇化加速的第一个原因是关于农民工进城的政策变化。改革时期，虽然放弃了严格禁止农村人口自发进城谋生的政策，但在较长的一段时期内仍然保留了诸多限制性政策。在农民工持续不断地自发进城务工这一现象的推动下，自 90 年代后半期以来，官方政策发生了局部调整，对农民工进入小城镇的态度有了积极变化。国务院和各部委两次发文件，要求促进小城镇发展并改善农民工在小城镇落户的条件。2003 年，国务院办公厅发布了一个《关于做好农民进城务工就业管理和服务工作的通知》，标志着官方政策从过去的限制农民工进城，逐渐转变为支持农民工进城。[1]

与此同时，2003 年发生了"孙志刚事件"。孙志刚是一位家在湖北的大学毕业生，刚到广州就业，因为未办理暂住证，被警察无端扣留，送往收容站等待强制遣送回乡，其间受到收容站人员野蛮殴打，不治身亡。该事件引发社会舆论强烈反弹，成为一个标志性事件，国务院随即决定取消城市收容遣送制度等限制和歧视农村进

1　参见李铁《从小城镇到城镇化战略——我亲历的改革政策制定过程》，今日头条网络版《改革开放 40 年》专栏。

城务工人员的制度和政策，促进了城乡间人口自由流动。

阻止或压制农民进城，是计划经济时期遗留下来的旧政策残余。那时候实行粮食统购统销政策，人为压低农产品价格，用工农业产品剪刀差的办法来支持政府推进工业化、推进重工业优先发展的政策。为保证这套政策的实行，使用了政权的力量阻止农民进城谋生，以保证低价农产品的供应，并减少对城市消费品供应的压力。这种过时的政策在改革开始后已经被放弃，但一些相关政策仍然延续了很久未得到清理。某些权力部门仍然保留着过时的思维方式和做法，包括把进城的农村居民歧视性地称为"盲流"，经常进行清理、收容、遣送。直到2003年上述事件发生后，这些政策才被彻底放弃。

城镇化加速的第二个原因是城市化发展中关于城市规模的政策导向变化。上世纪八九十年代，一直延续了"严格控制大城市规模，合理发展中小城市，积极发展小城镇"的城镇化政策，对城镇化仍有一定程度的阻碍作用。2001年开始实施的第十个"五年计划"，将这一违背市场规律的政策修改为顺应市场趋势的"大中小城市和小城镇协调发展"，这一政策变化减少了城镇化的阻力。

中国在改革初期制定了上述"严格控制大城市规模"等城镇化政策。这一政策来自大城市恐惧症，主要原因是错误地理解了发生在某些发展中国家的"大城市病"。这些国家的大城市常常出现巨大的贫民窟，治安情况恶化，交通拥堵和城市环境污染情况非常严重。但这些情况并不是城市规模大的必然结果，而是因为城市管理方式落后、管理水平低下，同时也与收入悬殊和社会保障体系不健全直接相关。因此，上述限制大城市的政策反映了一种过时的和脱离实际的思维方式。

城市经济学认为，由于城市的聚集效应，大城市会具有更高的规模收益，因而能够带来更多的投资机会、就业机会及更高的人均收入。我国农村人口和劳动力向城镇地区的转移，在市场引导的自发作用下，也一直是以大城市为主要目标。这客观反映了大城市的经济优势。事实上，一个国家大城市或特大城市的规模有多大，还与该国的人口密度和人口总量有关。有研究发现，各国城市规模的分布基本符合"齐夫定律"，即按城市人口规模排列的城市之间，存在按对数线性关系递增的趋势，因此一个国家人口越多，城市数量越多，最大城市的规模也会越大。

笔者在1999年的一项研究，对全国666座城市1989~1996年间的面板数据建立了计量经济模型进行分析，结果证明大城市的净规模收益远远高于中小城市和小城镇。人口规模在100万~400万人的大城市，在扣除了城市外部成本后的净规模收益最高[1]，这部分净收益占到城市GDP的17%~19%；而50万人口的城市，净规模收益只有12%左右；小于10万人的小城市和小城镇，没有明显的净规模收益（见图9）。因此，过去"严格控制大城市规模"的城镇化政策实际上对城市化的健康发展起了阻碍作用。此外，大城市与小城市和小城镇相比，因为人口密集度高，更加节约土地资源。

---

1 城市规模的外部成本是指伴随城市规模扩大而需要额外增加的城市基础设施投资、城市管理、污染治理等成本，加上居民生活费用上升和因人口密度增加带来的交通不便等生活质量损失的部分。城市的净规模收益是指伴随城市规模扩大产生的聚集效应带来的额外收益，再减去城市的外部成本后的净收益。城市的相对净规模收益越高，就表示城市的全要素生产率越高。

如果用行政手段限制大城市发展，而投入过多的资源进行小城镇建设，不仅会降低经济效益，牺牲城市化本来能够带来的全要素生产率提高，而且会占用更多的土地，带来土地资源利用效率下降。因此，城镇化政策只有顺应城市的规模经济规律，才会有利于城镇化发展。[1]

上述这项研究还有一些不足之处。其一是笔者对净规模收益的考察仅仅是以单个城市为单位进行的，并没有考虑处在城市群中的大城市（特别是中心城市）与周边城市相互间的协同作用（即超出单个城市边界的溢出效应叠加）。其二是由于数据不全，研究中使用了工业固定资产原值数据替代固定资本存量，可能会降低估计结果的准确度并因此有可能低估城市的净规模收益（工业固定资产原值增长速度快于固定资本存量增长速度，因此可能导致全要素生产率低估）。如果把上述这两个因素考虑在内，那么城市的净规模收益还可能更大，特别是特大城市、超大城市的净规模收益还会增加，因此具有净规模收益的城市规模可能会远远超过图9中显示的1200万人左右。

后来的事实证明，在城市化政策从限制大城市规模转向"大中小城市和小城镇协调发展"之后，城市化及大城市的发展明显更加顺利了，城市化对经济增长的促进作用也更显著了。2000年，全国超过100万人口的城市数量只有40座，到2010年已经发展到

---

1 王小鲁、夏小林：《优化城市规模 推动经济增长》，《经济研究》1999年第9期；王小鲁、夏小林：《城市化在经济增长中的作用》，载王小鲁、樊纲主编《中国经济增长的可持续性——跨世纪的回顾与展望》，经济科学出版社，2000。需要说明，当时的官方统计分类将50万人口以上城市都列为大城市。

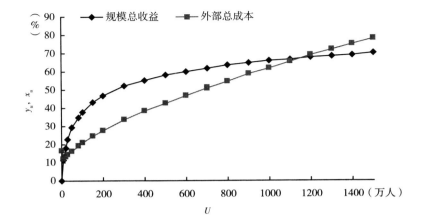

图 9　城市的净规模收益

注：y_u 和 x_u 分别为城市规模总收益曲线和城市外部总成本曲线，分别以规模收益和外部总成本占城市地方生产总值（GDP）的百分比表示。U 是城市规模。图中两条曲线之间的垂直距离表示城市的净规模收益。可以看到城市规模在 100 万～400 万人的区间，净规模收益最大。

资料来源：王小鲁、夏小林：《优化城市规模 推动经济增长》，载《经济研究》1999 年第 9 期。

125 座。同一时期城镇化率提高了 14 个百分点，城镇化进程显著快于上世纪 80 年代和 90 年代。[1]

　　在这十年里城镇化加速的第三个原因，是前一节所述这一时期的经济外向化发展。中国加入 WTO 后，对外贸易和出口加工业快速发展，在城镇地区提供了大量非农就业机会。这给农民大量进城务工创造了更有利的条件。因此经济外向化发展的同时也促进了城镇化发展。

1　数据来自国家统计局网站。

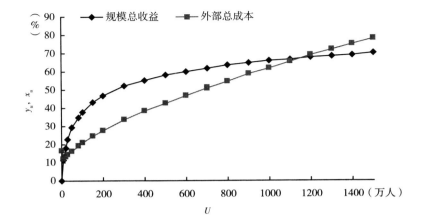

3. 民营经济发展与经济增长

2001~2010 年间，GDP 年增长率为 10.6%，比改革前的计划经济时期高 5.5 个百分点，比上世纪 80 年代和 90 年代也略有提高。农业保持了 4% 的增长；二、三产业的民营经济增长继续大幅度快于国有经济增长，民营经济占工业产出的比重从 54% 上升到 74%（按工业企业主营业务收入计算，其中包括了估算的"规模以下"工业企业部分）。建筑业的情况估计与工业差不多。[1]

在第三产业中，现行统计没有给出民营经济所占份额的数据。一部分第三产业部门仍然是国有和国有控股企业的天下，或者占有绝对优势，例如银行、电信、铁路、民航等领域。但还有一部分第三产业部门已经实现充分竞争，民营经济占绝对优势，包括批发零售、餐饮、公路运输、居民服务和商务服务、技术服务等领域。估计 2010 年民营经济部门在第三产业产出中所占份额约占半数。第一产业几乎完全由个体农户组成。因此在整体经济中，2010 年民营经济部门（非国有经济部门）在 GDP 中所占份额估计在 60%~65% 之间。

这里还应当提到的是国有银行的股份制改革。上世纪 90 年代，工、农、中、建四大国有银行转变为商业银行，剥离了政策性金融业务，但仍为国有独资。到 1999 年，四大国有银行不良贷款总额积累到 3.2 万亿元。经过剥离不良贷款，2003 年仍然有不良贷款余额 2 万亿元，不良率高达 21%，被国外业界视为"技术上已经破产"。为了走出困境，2003 年末开始了银行股份制改革试点，

1　本节数据除另外注明者，均来自国家统计局网站。

2004~2009 年，四大国有银行先后转制为股份制商业银行，引进了国内外战略投资者。此后上述银行虽然仍为国有控股，但完全摆脱了濒临破产的境地，2018 年按规模计包揽了世界 1000 家大银行的前四位。[1] 这是国有银行通过股份制改革转变经营机制的成功案例。虽然还不能说国有银行的问题已彻底解决，但这一改革意义重大。如果没有这一改革，国有银行经营不善的问题极有可能在某一时刻将中国经济整体拖入严重危机。

2001~2010 年时期，按国民经济各部门年均增长率及其在经济中的份额变化计算，经济增长速度高于计划经济时期的部分全部来源于民营经济的贡献（见表 14）。

表 14　经济高速增长的贡献因素（2001~2010 年）

	年均增长率（%）	对增长加速的贡献（百分点）
GDP	10.6	5.5
农业	4.0	0.3
国有经济	6.7	0.0
非国有经济	16.7	5.2

注：计算方法和数据来源同第 2 章表 9。

民营经济的快速发展，与中国加入 WTO 以后的经济外向化发展和城镇化加速发展的需求拉动有直接关系，这两个因素给民营经济增长提供了广阔的空间。反过来，民营经济发展也进一步推进了外向型经济的发展和城镇化，因此与这两个因素有互为因果、相互

1　参见姜建清《波澜壮阔的国有银行股份制改革》，新浪网财经频道，2018 年；搜狐财经《国有大型银行"涅槃重生"》（银行篇·股份制改革），搜狐网财经频道，2018 年。

促进的关系。

进入 21 世纪，经济外向化和城镇化也给国有经济的增长提供了良好的外部条件，使之出现效益提高，但与民营经济相比提高幅度较小。以总资产利润率衡量，2000~2010 年，国有控股工业企业的总资产利润率从 2.9% 提高到 5.9%，而民营工业企业则从 4.7% 提高到 11.1%，提高幅度明显更大。2010 年，国有控股工业企业的亏损面（按亏损企业数占总数的比重计算）为 21.4%，而民营企业仅为 9.5%。前者每百元产出（按主营业务收入计算）占用的资产为 128 元，而民营企业仅为 69 元。[1] 相对而言，后者投入更少、产出更高、效益更好。这与其市场化程度高、对市场变化反应灵敏、激励机制有效分不开。

在这一时期，由于经济高速增长，加上人民币升值和国内外通胀率差异因素的影响，按汇率计算的中国人均 GDP 从 2000 年的 959 美元跃升至 2010 年的 4561 美元，中国按世界银行的分类标准从下中等收入国家上升到上中等收入国家区间。当然，这个"上中等收入国家"的标准还比较低（2009 年为 3946~12195 美元），[2] 而与高收入国家的差距很大。原因是标准定得较早，其间各国的人均 GDP 水平都有不同程度的提高，而世界银行标准并未重新修订，只随物价水平的变化而变化。因此中国的人均 4561 美元实际上还在世界中位数以下，只是相对位置显著上升了。

1　据国家统计局"规模以上"工业企业数据计算得到。

2　世界银行:《世界发展指标 2011》（中文版），中国财政经济出版社，2011。

4. 民生和社会保障改善

这一时期，由于农业增长慢于第二、三产业增长，农村经济增长慢于城镇经济增长，城乡差距越来越大。而在 1990 年代后期和 2000 年代前期，农业税、农村集体提留、有些地方政府加征的各种苛捐杂费越来越多，使很多地方农民的负担越来越重，不堪重负。除了农业增长慢和税费负担加重以外，这一期间农产品价格下降也是导致农民收入下降的重要因素。从 1998 年到 2002 年，农产品生产价格指数下降了 13%。[1]

据国家统计局抽样调查数据，1999~2003 年间，占农村家庭总数 10% 的农村最低收入居民，人均收入比 1998 年出现了明显下降。1998 年他们人均收入是 714 元，1999~2003 年分别为 656 元、589 元、591 元、627 元、615 元，都明显低于 1998 年的收入。扣除价格因素后，2003 年比 1998 年收入水平下降了 14%。农村低收入居民（人均收入次低的第二个 10% 家庭），在 1999~2002 年间的人均收入也都低于 1998 年 1106 元的水平，中低收入家庭的人均收入在 1999~2000 年间也有下降。这说明这几年低收入农民的生活受到了严重影响。这种情况是自改革以来第一次出现。

针对这些情况，国务院从 2004 年起开始减征农业税和一部分农业特产税。2006 年，国务院正式废止了《农业税条例》并取消了各地方的相关收费。这一举措显著减轻了农民负担。与此同时，这一时期连续提高了粮食最低保护价，也对改善农村居民的生活状况起了重要作用。

1　本节数据均来自国家统计局网站和历年《中国统计年鉴》。

2001~2010 年期间，城乡各项基本社会保险的覆盖率也都有提高，其中城镇职工基本养老保险对城镇就业人员的覆盖率从 2000 年的 45% 提高到 56%；城镇职工基本医疗保险对城镇就业人员的覆盖率从 16% 上升到 68%，是上升幅度最大的一项。同时社会保障扩大到非就业人口，城镇居民基本医疗覆盖了 1.9 亿人；另外，建立了城乡居民养老保险，覆盖了 1 亿人。城镇职工失业保险参保人数增长慢于城镇就业人数的增长，因此覆盖面发生了下降，从 45% 降到 39%。工伤保险覆盖率有明显提高，从 19% 上升到 46%。此外，在农村基本实现了新型农村合作医疗的全覆盖。

社保覆盖面扩大是这个时期的一项重要进步。不过，这期间两亿多进城务工的农民工及其家属大部分没有被城镇社会保障体系覆盖，而且几乎全部不享受住房保障，这是社保的重大缺失。这些不享受社会保障的农民工在城镇的就业和生活条件很不稳定，一旦失业或者遇到生病、受伤等意外情况，生活就可能陷于困境。过去老一代农民工遇到这类情况，还可能以返回农村作为缓冲。而新一代农民工大部分没有务农经验，或者因为常年在城市打工，早已失掉了在农村生活的基础条件，持续失业或者失去劳动能力对他们都有可能是毁灭性的打击。解决这个问题，对一个现代国家来说责无旁贷。

5. 基础设施建设

1990 年代后期，在时任总理朱镕基的推动下加快了基础设施建设步伐。在应对亚洲金融危机时期，基础设施建设对拉动内需、保持合理的经济增长起了良好的作用。在 2000 年代，基础设施建设

改革之路

继续以更大的规模迅速进展。高速公路里程从 2000 年的 1.6 万公里增长到 2010 年的 7.4 万公里，铁路营业里程从 6.9 万公里上升到 9.1 万公里，其中高铁从无到有，运营里程在 2010 年末达到 8358 公里。这些大部分是靠政府投资完成的。在此时期，全国货物周转量从 4.4 万亿吨公里提高到 14.2 万亿吨公里，旅客周转量从 1.2 万亿人公里上升到 2.8 万亿人公里。笔者和合作者所做的分省份增长模型分析表明，1997~2007 年间，基础设施条件改善对各省份的全要素生产率提高和经济增长率有 0.4 个百分点的贡献（见表 15）。[1]

表 15   1997~2007 年省际经济增长核算

	贡献水平（百分点）	贡献度（%）
GDP 增长率	11.5	100
要素贡献	7.8	67.9
TFP 贡献	3.7	32.1
贡献因素分解		
物质资本	6.8	59.2
劳动力数量	0.4	3.2
教育水平	0.6	5.5
市场化进程	1.5	12.6
科技进步	1.1	9.4
基础设施	0.4	3.4
不可观测因素	0.8	6.7

资料来源：樊纲、王小鲁、马光荣：《中国市场化进程对经济增长的贡献》，载《经济研究》2011 年第 9 期。

1　数据见国家统计局网站和表 15。基础设施贡献指基础设施条件通过促进全要素生产率提高而对经济增长的贡献，其中不包括基础设施建设中各项投入对增长的贡献。后者包括在要素贡献中。这里的基础设施条件是用按人口计算的交通运输线路密度代表。交通运输线路由铁路和不同等级的公路按运输能力合并折算为标准道路里程。

基础设施领域是仅靠市场调节难以满足需要的领域，或者可以说是市场部分失灵的领域。经济学分析表明，合理的基础设施建设除了直接的项目回报外，还能够对经济产生积极的溢出效应（或称外部效应），促进生产率提高和经济增长。例如，对公路、铁路、机场等设施的建设投资，除了使投资者获得收益外，还能够促进商品流通和人员往来，使资源得到有效利用，促进地方发展和经济增长，并通过交通运输的便利和运输成本降低等方式给设施的使用者带来额外收益。

　　在基础设施领域中，投入和直接产出可能是不对称的。有些情况下投资的直接回报率很低，甚至难以收回投资，但社会效益有可能仍然良好。把这些外部性考虑在内，总体算账可能仍然是合算的，甚至是高回报的。因此政府在这些领域的积极作为，对经济发展和社会进步有重大意义。我国在过去一个时期能够保持快速发展，与基础设施建设的迅速改善也有相当的关系。由于政府在基础设施建设领域发挥了主要作用，因而我国在这些领域取得了超常的进展，成绩显著。

　　但对这种情况不应做出过度解读。有一种意见认为，中国特色的社会主义道路，其特色就在于能靠政府来集中力量办大事，因此能够比其他市场经济国家更快发展。这对基础设施领域而言是成立的，但该领域的投资也需要有合理的限度，超过了合理限度的基础设施投资会成为无效或低效投资，对经济发展形成拖累。尤其是如果将政府"集中力量办大事"推而广之，以为可以适用于各个领域，则必然是片面的解读，可能造成严重误导。

　　改革以前在计划经济体制下，政府集中了全社会资源来"办大事"，但经济除了在工业化初期阶段的"一五"时期呈现高速增长，后来进入全面计划经济时期后则仅仅保持了中速增长，同时还长期牺牲了居民收入增长，导致老百姓生活改善非常缓慢。由于在该体制下经济整体效率低下，不但没有缩小与发达国家的总体差距，而且在很多方面差距越拉越大。而在改革开放后，从计划经济体制转向市场经济体制，市场的作用在很多领域取代了政府的作用，经济增长反而取得了前所未有的重大成就。因此过度强调政府的作用，忽视市场的作用，必然得出错误的结论。

过去一个时期，在处理政府与市场的关系方面也出现了不少偏差。有些地方政府在追求 GDP 高增长等"政绩"指标的激励下，一味追求高投资，结果在缺乏有效需求的情况下上马了不少低效率的项目，搞了不少重复建设，导致很多行业出现严重的产能过剩。在基础设施和城市建设领域也同样存在过度投资的情况，例如铁路、公路、机场项目的重复设置，一些城市不顾经济效益的大拆大建，还有很多单纯追求视觉效果的"形象工程""政绩工程"。这类工程项目花费了大量投资，只对经济增长产生了很短暂的拉动作用，而很多项目建成后就出现了设施利用率过低、大量闲置的情况，浪费了宝贵的资源，并往往遗留下来大量难以偿还的债务。

这种情况在 2008~2010 年间特别严重。当时为了应对国际金融危机的影响，实行了过度宽松的货币政策和以地方政府大量借债投资为特点的积极财政政策，除了中央纳入计划的四万亿元投资项目外，各地还建立了大量地方融资平台进行融资投资，内容涵盖了基础设施投资、城市建设和房地产投资、生产性投资等广泛的领域，总规模估计高达 20 万亿~30 万亿元，产生了巨额不良债务，加剧了结构失衡，至今仍然对经济产生着不良影响。因此，即使是在基础设施建设这类具有外部性的领域，政府投资也应保持在合理限度内，绝不是越多越好。如果投资的直接回报和溢出效应相加仍然不足以补偿投入总成本，就应当视为不合理投资。

6. 收入差距与腐败

2001~2010 年间，官方统计的城镇居民人均可支配收入增长率为 9.7%，农村居民人均纯收入增长率为 7.0%，都比上一个十年显著加快，但城乡居民收入差距从 2.8 倍进一步扩大到 3.2 倍。不同居民阶层的收入差距呈继续扩大趋势。根据官方统计，城乡高低收入居民间的收入差距都有显著扩大，居民收入基尼系数从 0.41 上升到 0.48。[1]

收入差距扩大与城乡差距、地区差距、居民阶层收入差距扩大都直接相关，不过更重要的因素在官方统计中被遗漏，即围绕公权力产生的腐败，实际在更大程度上扩大了收入差距，而且导致严重的分配不公。

根据笔者的调查和研究，在这一时期，一部分城镇高收入居民拥有大量未纳入收入统计的灰色收入（指来源及合法性不明的收入），主要集中在占城镇住户 10% 的最高收入家庭。基于三次调查结果的推算都证明，城镇 10% 最高收入家庭的真实收入是统计收入的 3 倍以上（见图 10a~10c）。估算灰色收入的数量，2005 年为 2.44 万亿元，2008 年为 4.65 万亿元，2011 年为 6.24 万亿元，相当于 GDP 的 12% 左右。将推算的灰色收入包括在内，2008 年城镇

1　本节数据除另行注明者外均来自历年《中国统计年鉴》。

10% 最高收入家庭的真实人均可支配收入是统计收入的 3.2 倍；城镇 10% 最高收入家庭是 10% 最低收入家庭的人均收入的 26 倍，而不是统计显示的 9 倍。城乡居民统一计算，全国 10% 最高收入家庭和 10% 最低收入家庭的实际人均收入差距应在 60 倍以上，而不是根据统计数据得到的 20 倍左右。

灰色收入的来源与腐败和体制缺陷直接相关，也与法律制度不健全有关。在这一时期，腐败现象恶性蔓延，公共资源大量被侵占，贪官数量急剧增加，收入分配高度扭曲，导致了严重的收入分

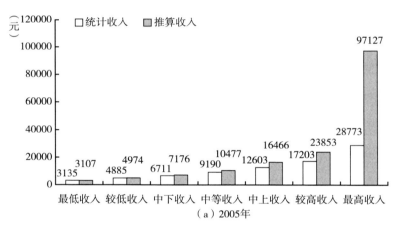

（a）2005年

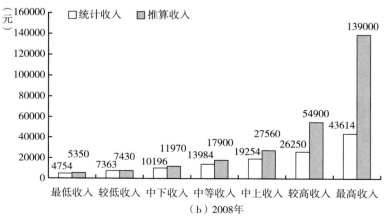

（b）2008年

第 4 章　发展、民生与结构问题：2000 年代

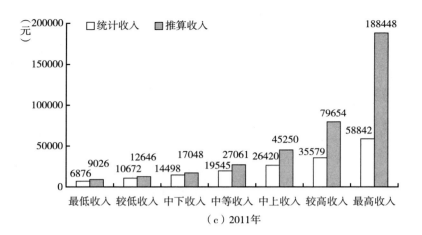

图 10　城镇居民统计收入与推算收入：2005 年、2008 年、2011 年

资料来源：王小鲁：《灰色收入与居民收入差距》，载《比较》辑刊总第 31 辑，中信出版社，2007；王小鲁：《灰色收入与国民收入分配》，载《比较》辑刊总第 48 辑，中信出版社，2010；王小鲁：《灰色收入与国民收入分配：2013 年报告》，载《比较》辑刊总第 68 辑，中信出版社，2013。

配问题。这其中包括政府投资和其他公共资金管理不善导致大量流失，土地收入以及其他资源性和垄断性收益严重分配不当，官商勾结权钱交易盛行，政府权力缺乏监督导致官员滥用权力寻租收贿、买官卖官，公共服务部门官僚化和腐化，等等。这些现象严重泛滥，急剧扩大了居民收入差距，对我国的社会稳定、公平和未来发展构成了严重威胁。

　　腐败现象泛滥，既是权力机关纪律松弛、某些人滥用权力的结果，更是由于体制不健全，权力缺乏监督、人治代替法治的结果。这说明推进政治体制改革，"把权力关进制度的笼子"势在必行。

7. 政府干预与结构失衡

2000~2010 年间的大部分时期，货币政策保持了持续宽松，绝大多数年份的广义货币 M2 年均增长率超过 16%，大幅度超过 GDP 增长率。整个十年间 GDP 实际增长了 173%，而 M2 增长了 439%，尤其是 2009 年为了应对国际金融危机，实行了极度宽松的货币政策，M2 增长率竟高达 28.5%，货币供应实际呈失控状态。过量的流动性导致了严重的资本市场和房地产市场泡沫，股市大起大落，京沪深等特大城市的住房价格达到了工薪劳动者年收入的几十倍甚至上百倍，这些对普通劳动者造成了严重损害。[1]

随着 2008 年四万亿元政府投资计划的实施和各地政府纷纷建立融资平台进行大规模融资投资，政府及国有企业的固定资产投资规模也越来越大，其占 GDP 的份额 2000 年为 18.6%，2010 年扩大到 25.0%。大量的政府投资主要是靠借债支持。由于地方政府有独家征地、卖地的权力，土地就成了政府借债最方便的抵押物，可以在借债、征地、卖地、投资、再借债、再征地……的模式中不断循环，使政府债务和政府背书的企业债务越滚越大。各级政府的投资还常常与相关官员获取不正当利益有关，握有政府投资、批地权力的各级官员大量收受贿赂的情况相当普遍，也成为很多地方政府过度热衷于扩大投资背后的隐秘激励机制。

大规模政府投资和货币刺激虽曾在短期起到了拉动经济增长的作用，但持续实行导致投资过度，带来了严重的产能过剩和资本回报率下降。政府借债投资占用了大量银行资金，大幅度提高了资本

---

1 数据来自国家统计局网站和笔者根据统计局数据的计算结果，本节下同。

形成率（或称投资率，即资本形成在 GDP 中所占份额），对一般竞争性领域的企业融资和居民消费产生挤出效应。

　　我国在改革早期的 1980 年代和 1990 年代，全国资本形成率（投资率）基本保持在 30%~40%，平均 37%；消费率基本保持在 60% 以上，平均为 62%（资本形成率和消费率分别为资本形成和最终消费占 GDP 的份额）。这一水平与世界其他国家相比，显然属于高投资、低消费类型。世界各国的资本形成率平均不到 20%，消费率超过 80%。我国特别高的储蓄率和投资率，在上世纪八九十年代成为推动经济高速增长的一个重要因素。但在 2000~2010 年间，资本形成率进一步大幅度上升，从占 GDP 的 34.3% 上升到 47.9%，提高了近 14 个百分点，最终消费率从 63.3% 下降到 48.5%，下降了近 15 个百分点，其中居民消费占 GDP 之比也从 46.7% 下降到 35.6%，下降了约 11 个百分点。从图 11 可以清晰地看到这一时期资本形成率的急剧上升和最终消费率的急剧下降。

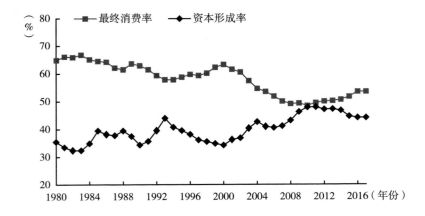

图 11　资本形成率和最终消费率的变动趋势

资料来源：国家统计局支出法 GDP 核算数据，见历年《中国统计年鉴》。

经济学理论和各国的实践都说明，资本形成率（投资率）并不是越高越好，而需要保持在一个合理范围之内。实际上这期间我国资本形成率的大幅度上升只对经济增长起了非常短暂的拉动效果，并没有起到持续加快经济增长的作用，反而因为过度投资，导致产能大量过剩、房屋大量空置、效率急剧下降。而消费相对不足，更削弱了消费需求拉动经济增长的作用，使增长越发疲软。

图 12 显示，我国大致从 2000 年以后，资本的平均生产率和边际生产率都发生了急剧的下降。[1]上世纪八九十年代，资本的平均生产率和边际生产率都在 0.45 左右，两者大致从 90 年代中期以后开始出现下降，在 2000~2010 年间大幅度下降。在这 10 年间，资本的平均生产率从 0.43 降到 0.32，资本边际生产率从 0.37 降到

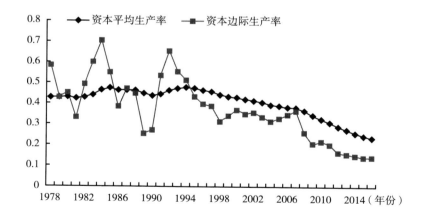

图 12 　资本的平均生产率和边际生产率变化

资料来源：作者据国家统计局网站数据计算得到。

1　资本的平均生产率是指平均每 1 元资本存量带来的 GDP，资本的边际生产率是指每增加 1 元资本存量带来的 GDP 增加额。资本边际生产率的变化是资本平均生产率变化的先导，前者持续下降会带来后者下降，但存在时间滞后。

0.22。与上世纪八九十年代相比，2010年每增加1元资本所带来的GDP增加额还不到前一时期平均水平的一半。

资本生产率的大幅度下降，主要是过度投资和投资不顾经济效益的结果，这主要与政府投资和执行政府意图的国有企业投资密切相关。

在这一时期，政府对市场的干预也随着政府支配资源的权力扩张而扩张。国民经济研究所的市场化指数报告显示，2008~2012年间，"政府与市场的关系"方面指数的评分从6.83分下降到5.40分。其中分项指数"市场分配资源的比重"从8.39分下降到7.27分，"减少政府对企业的干预"从4.28分下降到2.31分，"缩小政府规模"从7.82分下降到6.63分。分省份来看，全国几乎所有省份的这几项评分都有不同程度的下降，部分西部省份的降幅尤其明显。[1]

这些情况说明，解决经济结构失衡问题，需要改善政府与市场、政府与企业的关系，界定市场功能与政府职能的合理范围，使市场优化资源配置的功能充分发挥，也使政府能够更有效地发挥积极作用，避免消极影响。

8. 土地制度亟待改革，城市建设应以人为先

我国的建设用地制度在上世纪90年代从政府征用和无偿划拨改为无偿划拨和有偿出让并存，政府征用土地和进行初步开发后可

1　王小鲁、樊纲、余静文:《中国分省份市场化指数报告（2016）》，社会科学文献出版社，2017。该市场化指数是根据统计数据和对各地企业的调查数据计算形成的。

以通过拍卖的方式出让土地，土地出让收入完全归地方政府支配。当时这对改变土地资源的低效率配置和缓解地方政府财政困难起了相当的作用，但后来的变化说明，在现行制度下，地方政府作为土地市场的垄断性卖方，热衷于低价征地高价卖地，推动了地价和房价的无节制上涨，加重了居民负担，扩大了收入差距，负面影响越来越大。而市场未能在优化土地资源配置中发挥应有的作用。

2001 年，全国各级政府的国有建设用地出让收入只有 1296 亿元，到 2010 年已经达到 2.8 万亿元，扩大了 20 倍以上。同期，房地产商的土地购置面积从 1.69 万公顷上升到 3.99 万公顷，土地购置费却从 1039 亿元上升到 1.0 万亿元，意味着全国平均地价上涨到原来的 4 倍以上，也推动了房价大幅度飙升。[1] 在一些大城市，地价和房价更是数十倍上涨，天价住房使普通中产购房者望而却步，几乎把一般工薪阶层完全挡在住房市场的门外；同时也大大推高了城市商业服务业的租金成本，抬高了商业服务业价格，从而把高地价、高房价的负担转嫁给广大城镇消费者。因此，现行土地制度已成为扩大居民收入差距和财富差距的一个关键因素。同时在这一制度下，还有大量土地通过无偿划拨和低价出让方式配置，鼓励了多占地，导致土地资源浪费，还给一些局内人带来了大量机会，能够通过土地的腾挪操控捞取巨额收益，使围绕土地的腐败现象大量发生。

1　数据见国土资源部历年《中国国土资源公报》，国土资源部网站；国土资源部《中国国土资源统计年鉴》，地质出版社，2010；国家统计局历年《中国统计年鉴》，中国统计出版社。

2000 年代，城镇化进展很快。常住人口城镇化率从 36% 上升到 50%，城镇人口新增 2.1 亿人。但"人"的城镇化严重滞后，新增常住人口的户籍、社会保障、公共服务等大量问题迟迟未能解决。到 2012 年，城镇户籍人口的城镇化率只有 35.3%，比常住人口的城镇化率低了 17.3 个百分点。2.34 亿人常年在城镇居住和工作的新城镇居民，没有城镇户籍，绝大部分没有被纳入城镇职工医疗保险、工伤保险、养老保险、失业保险覆盖范围，不能在公共服务方面与原有城镇居民享受同等待遇，很难在城镇安家落户。他们的子女、父母大部分留在农村，受到生活条件的限制无法随迁，子女的抚养教育、父母的赡养和他们自己年老后的归宿都存在一系列问题亟待解决。[1]

在新城镇居民市民化严重滞后的同时，城市建设规模却在过度扩张，很多地方政府特别热衷于大量征地、投资开发、拆旧城建新城，推动城市房地产和开发区、产业园区建设。从 2000 年到 2010 年，全国城镇常住人口增长了 46%，而城市建成区面积从 2.24 万平方公里扩大到 4.01 万平方公里，扩大了 79%；县城和建制镇的建成区面积也从 3.13 万平方公里扩大到 4.84 万平方公里，扩大了 55%。两者都大大超过了人口增长幅度，意味着土地资源浪费和开发过度。[2]

很多城市房产出现了大量空置。此外全国仅国家级开发区、自贸区、高新产业园区等多达数百个，属于省、市、县各级的此类区

1　有关数据见国务院《国家新型城镇化规划（2014—2020 年）》，新华社 2014 年 3 月 16 日公布。

2　国土资源部历年《中国国土资源统计年鉴》，地质出版社。

域更是多不胜数，其中少部分运转良好，多数投入了大量土地和资金但没有得到有效利用，土地资源和设施闲置严重。据业内人士不完全统计，如果按全国各城市的建设规划加总，未来全国城市将容纳三十多亿人口，而预期的全国人口峰值只能达到 14 亿多，即使按城镇化率达到 80% 计算，未来全国城市人口（不包括县城和建制镇人口）峰值也只有 8 亿人左右。也就是说，如果这些城市规划都付诸实施，未来城市面积和房屋建筑、道路设施将是实际需要的 3~4 倍。这说明很多城市的规划完全脱离了实际需要，并导致了严重的投资浪费、资源错配。这种城市化见"物"不见"人"的严重不协调现象，如果不及时纠正，将带来灾难性的后果。

9. 环境污染状况堪忧

在改革期间，经济加速发展，工矿企业到处上马，随之带来了环境污染、资源破坏等问题。针对这些问题，1982 年，国家组建城乡建设环境保护部，部内设环境保护局。1984 年，国务院又成立了环境保护委员会。1988 年，将环保工作从城乡建设部分离出来，成立独立的国家环境保护局，作为国务院直属机构。1989 年，全国人大通过了《中华人民共和国环境保护法》。1998 年，国家环境保护局升格为国家环境保护总局。2008 年，国家环境保护总局又升格为环境保护部。

但这些机构设置的变化和环保立法并没有带来环境改善，长期以来空气污染、水污染、土壤污染等环境污染越来越严重，在 2000 年代达到高峰，而且在此十年间只有空气质量出现好转，水污染和土壤污染整体上没有明显好转，有些问题还在加剧。

导致环境污染日益严重的原因在改革早期主要是社会各界缺乏环境保护意识，致富心切，急于发展经济，不顾生态环境。后来一个时期，有了环保立法和专职的环保机构，但污染问题仍然日益严重，突出的原因是很多地方政府为了促进本地经济增长、提高政绩，对一些企业超标排污视而不见，甚至持保护态度。地方环保部门的环保执法常常是走过场，对高污染企业象征性地收取排污费后就听之任之，甚至在上级部门来检查时还给污染企业通风报信，预做准备。国家环保部门对这类情况心知肚明，但没有足够的执法权，还因为地方环保部门归地方政府领导，鞭长莫及，没有可行的手段改变这种状况。更高级别的权力机关对这种情况不可能没有觉察，长期以来却没有采取断然措施予以改变。这也说明各级政府以 GDP 为中心而忽视公众利益的政绩观，带来的危害越来越严重。

（1）水污染

据国家环保总局的中国环境状况公报，2000 年全国七大重点流域干流有 57.7% 的断面达到Ⅲ类水质要求，21.6% 的断面为Ⅳ类水质，6.9% 的断面属Ⅴ类水质，13.8% 的断面属劣Ⅴ类水质。主要湖泊富营养化问题突出。

2010 年七大水系地表水国控监测断面，达到Ⅰ~Ⅲ类水质的占 59.9%，Ⅳ~Ⅴ类占 23.7%，劣Ⅴ类占 16.4%。与 2000 年相比，Ⅰ~Ⅲ类水质有 2.2 个百分点的小幅度上升，Ⅳ~Ⅴ类有 4.8 个百分点下降，但劣Ⅴ类水质比重上升了 2.6 个百分点，总体看没有好转。湖泊富营养化问题仍然突出。

（2）大气污染

2000 年，在统计的 338 个城市中，2.7% 达到国家一级空气质量标准，33.8% 满足国家二级空气质量标准，30.3% 达到三级标准，33.1% 未达三级标准。254 个城市中，157 个出现过酸雨，占 61.8%。

2010 年，在 471 个城市中，3.6% 达到国家一级空气质量标准，79.2% 满足国家二级空气质量标准，15.5% 达到三级标准，1.7% 劣于三级标准。494 个城市中，出现过酸雨的城市 249 个，占 50.4%。与 2000 年相比，空气质量有好转。[1]

（3）土壤污染

据农业部 2002 年、2003 年、2004 年和 2011 年进行的四次农田污染情况调查，农田污染总超标率为 10.2%，其中镉等重金属污染最为普遍。又据环保部和国土资源部在 2005~2013 年的全国土壤污染状况调查，全国土壤点位超标率为 16.1%，其中耕地的污染超标率为 19.4%。污染以镉、汞、砷、铜、铅、铬、锌、镍等重金属超标为主，其中镉的点位超标率就占到 7.0%。农药导致的污染超标也占相当比例。农业部 2012~2016 年调查等数据显示，我国重金属污染耕地面积大约 1.8 亿亩，是全国耕地面积的 10%~15%，主要集中在南方地区。污染区域主要是工厂企业周边农区、污水灌区、大中城市郊区。此外，交通要道两岸，包括一些设施农业基地周边也存在污染。[2]

1　见国家环境保护总局《中国环境状况公报 2000》，中华人民共和国环境保护部《中国环境状况公报 2010》，均来自生态环境部网站，http://www.zhb.gov.cn/。

2　见网易新闻《环境保护部和国土资源部发布全国土壤污染状况调查公报》，http://news.163.com/14/0417/15/9Q1U705500014JB5.html，2014 年；第一财经《农业部用 5 年调查农产品产地土壤状况　这些地方污染严重》，https://www.yicai.com/news/5167543.html，2016 年。

农田污染源除来自工矿业外，还有相当大的部分来自农业。我国农田每公顷播种面积的化肥施用量在 2000 年就已达到 265 公斤，超过了 225 公斤的国际化肥施用安全上限，2010 年更上升到 346 公斤。[1] 除了化肥污染，杀虫剂、除草剂、杀菌剂等造成的药害也日趋严重。

　　从上述数据看，土壤污染状况没有好转的迹象。其中化肥、农药对土壤的污染有显著加剧的趋势。

　　环境污染问题严重，一个重要原因是地方政府不作为。工矿企业虽然绝大多数根据政府要求安装了废水处理和废气脱硫、脱硝、除尘等设备，但根据媒体公开报道的情况看，有很多企业只在应付上级政府部门检查时才开启，平时为了降低成本，这些环保设备都关闭不用。相当多的地方政府，包括地方环保部门在内，对当地企业这类做法和超标排污的情况心知肚明，但往往采取视而不见的放任甚至保护的态度。之所以发生这种情况，根本原因在于有关党政官员首先考虑的是以 GDP 为代表的政绩，纵容了危害环境和人民群众健康的行为。很明显，解决这个问题的关键在于转变政府职能和执政理念，从以 GDP 为工作中心转向以为社会公众服务和经济社会的长期健康发展为工作中心。

1　据国家统计局网站数据计算得到。

第 5 章　继续改革的期盼：2010 年后

中共十八大后，中国改革走到了一个关键的新起点。这一时期的第一场战役是与腐败的全面较量。另一项重要任务是针对经济结构失衡进行调整，使经济重振活力。但更艰巨的任务还在于推进深层次的体制改革。2013 年的中共十八届三中全会决定提出了 16 个方面、60 条、三百多项改革措施，指出要"紧紧围绕使市场在资源配置中起决定性作用深化经济体制改革""大幅度减少政府对资源的直接配置，推动资源配置依据市场规则……实现效益最大化和效率最优化"。同时要"深化政治体制改革，加快推进社会主义民主政治制度化""建设社会主义法治国家"。具体的改革措施涉及深化国有企业改革，推进资源、电力、交通、电信等领域价格改革，建立城乡统一的建设用地市场，转变政府职能、建设法治政府和服务型政府，健全宏观调控体系，深化财税体制改革，推进城乡基本公共服务均等化，推进农业转移人口市民化，深化教育、医疗体制改革，等等。[1] 这些措施囊括了当前改革迫待解决的一系列最重要问题，意义重大。但更关键的问题在于具体落实。

1. 反腐与收入分配改善

2012 年中共十八大以来开展了大力度的反腐，查处了一大批贪官污吏，全国仅省部级官员就有一大批因贪污腐败、违纪违法等案件被拿下马。据不完全统计，自 2012 年十八大至 2018 年 5 月，省部级及以上官员被查处的多达 158 人。其中包括前中央政治局常委周永康，前中央书记处书记令计划，中央军委副主席徐才厚、郭伯雄，政治局委员孙政才等一批位高权重的官员。较低级别的官员被查处的数量更多得多，反腐力度空前。不少官员涉案金额以亿元计。这对其他有贪腐行为的官员也起到了巨大的震慑作用，遏制了贪腐之风持续蔓延的趋势，过去买官卖官、公开敛财、大肆挥霍公款等恶劣现象大为收敛。

反腐减少了公共资源的流失和不正当分配，因此也促进了收入分配改善。据国家统计局网站数据，基尼系数在 2012 年是 0.474，2017 年降至 0.467，显示近年来收入分配略有好转。由于灰色收入（及非法收入）减少的情况难以反映在官方统计数据中，估计收入分配实际改善幅度还要更大些。不过，通过行政手段反腐仅是治标的手段，只能解决眼前最紧迫的问题。如果权力过度集中和缺乏社

1 《中共中央关于全面深化改革若干重大问题的决定》，十八届三中全会 2013 年通过，人民网。

会监督的制度不改变，腐败还会死灰复燃。因此要建立制止贪腐的长效机制，强化党内和国家机关监察机构职能是重要手段；但权力机关的自我纠错仍然不能代替外部监督，更根本的出路是推进政治体制改革和实现全面法治化，让人民对政府有发言权、监督权，把权力关进制度的笼子。

1945 年，民主人士黄炎培访问延安，在窑洞中与毛泽东讨论政权更替的天下大事。黄炎培说："我生六十余年，耳闻的不说，所亲眼看到的，真所谓'其兴也勃焉，其亡也忽焉'……大凡初时聚精会神，没有一事不用心，没有一人不卖力，也许那时艰难困苦，只有从万死中觅取一生。既而环境渐渐好转了，精神也就渐渐放下了……一部历史，'政怠宦成'的也有，'人亡政息'的也有，'求荣取辱'的也有。总之没有能跳出这周期率……"毛泽东回答说："我们已经找到了新路，我们能跳出这周期率。这条新路，就是民主。只有让人民来监督政府，政府才不敢松懈。只有人人起来负责，才不会人亡政息。"[1] 让人民来监督政府，这是政治体制改革的关键。

近年来，收入分配改善的一个方面是农村居民收入增速快于城镇居民收入增速，城乡差距趋于缩小。2010~2017 年间，城镇居民人均可支配收入年均增长 7.2%，农村居民人均纯收入年均增长 8.8%；城乡收入差距从 3.2 倍缩小到 2.7 倍。农村居民收入的较快增长首先得益于城镇化带来的务工收入增加。2017 年，农村居民人均工资性收入 5498 元，占农村人均可支配收入的 41%，

1　见百度百科"黄炎培与毛泽东周期率对话"词条。

是占比最大的部分。此外，外出打工者的汇款还增加了农民的转移收入。城镇化不断吸收农业转移人口，也减少了农业人口压力，带来了农业人均产出和收入增长。此外提高粮食保护价和农业补贴等各项惠农政策以及普及农村社会保障，也都起了一定作用。

同期，城镇单位平均工资按不变价格增速为 7.9%，略快于城镇人均收入增速，意味着劳动者报酬占居民收入的份额有所回升，也是收入分配有改善的反映。

收入分配改善还反映在居民消费在 GDP 中的份额有所回升。2010 年，居民消费仅占支出法 GDP 的 35.6%，2017 年回升至 39.1%，上升了 3.5 个百分点。尽管与上世纪八九十年代的居民消费率还有很大差距，但其近年来的回升还是改善了总需求，在一定程度上支持了经济增长。

2. 结构调整与改革

由于长期持续的过度投资，经济结构失衡的现象在过去一段时间内变得更加突出，并显著影响了经济增长。其中，工业的产能过剩状况越来越严重。国务院在 2013 年发布的《关于化解产能严重过剩矛盾的指导意见》指出，我国部分产业供过于求的矛盾日益凸显，传统制造业产能普遍过剩，特别是钢铁、水泥、电解铝等高消耗、高排放行业。2012 年底，我国钢铁、水泥、电解铝、平板玻璃、船舶产能利用率分别仅为 72%、73.7%、71.9%、73.1% 和 75%，明显低于国际通常水平。钢铁、电解铝、船舶等行业利润大幅下滑，企业普遍经营困难。值得关注的是，这些产能严重过剩行业仍有一批在建、拟建项目，产能过剩呈加剧之势。[1]因此国务院提出了遏制产能盲目扩张、清理违规产能、淘汰落后产能、推进企业兼并重组等措施。

一些机构和研究者对工业产能过剩形势的估计比官方估计更严峻。图 13 是国际货币基金组织（IMF）、国内机构和学者关于中国工业产能利用率的估算结果。几项研究结果互有出入，但都显示出工业产能大致从 90 年代后期或 2000 年以后出现总体下降，而且都显示出在 2010~2013 年间产能利用率大致降到略高于 60% 的水平。

很明显，上述这种越来越严重的趋势性产能过剩，不能用普通的市场波动来解释，而且在出现产能严重过剩的行业和时期，仍然有相当数量的在建或筹建产能项目，是明显的反市场行为。这些是由以下几种情况导致的。其一是政府投资行为，考虑的不是盈利，

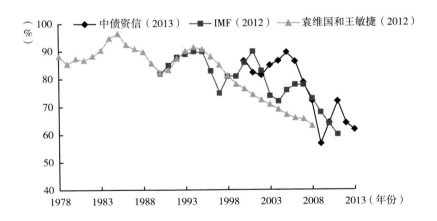

图 13　关于我国工业产能利用率的不同估算

资料来源：引自中债资信评估有限责任公司《我国制造业产能过剩程度的量化判断——基于最优投入决策模型》，专题报告 2013 年第 40 期。

1　见中国政府网。

也不怕亏损，只是为了提高 GDP，主管官员因此获得短期"政绩"，或者还有其他一些不便公开的考虑。其二是在强烈货币刺激下扭曲的市场行为，有可能是贷了款也不准备偿还，或者是企业从政府无偿获得了土地等宝贵的资源，因此能够把亏损变成盈利。其三是一些长期亏损的低效率企业得到政府保护或银行纵容，可以不断借新债还旧债来维持，长期不倒，变成"僵尸企业"。这些情况都说明结构严重失衡是因为经济运行机制出了问题。在运行机制没有明显改变的情况下，前面提到的关于缓解产能过剩的措施并没有起到明显的作用。

与产能严重过剩同时存在并同样严重的是，很多城市特别是中小城市房地产开发过度、房屋大量空置，全国债务杠杆率越来越高，整体经济效率急剧下降等情况。

针对这些情况，中共中央于 2015 年提出了"三去一降一补"的结构调整任务。所谓"三去一降一补"指的是：去过剩的工业产能、去过剩的房地产库存、去过高的债务杠杆，降低企业成本，弥补市场短板。所针对的都是当前突出的结构问题。在这些方面，结构调整近年来取得了一些进展。

在去产能方面，最近一两年在市场调节和政府调控的双重作用下，产能过剩有明显缓解。其中，逐级下达指令性任务、分解去产能指标等行政手段起了明显作用。据报道，2016 年和 2017 年，全国共退出钢铁产能 1.1 亿吨以上（不包括地条钢产能），另外取缔了 1.4 亿吨地条钢产能；共退出煤炭产能超过 4 亿吨；淘汰和停缓建煤电产能 5000 万千瓦。2017 年工业产能利用率为 77.0%，比 2016 年回升了 3.7 个百分点，包括煤炭、化工、非金属矿物制品、黑色和有色冶金、设备制造在内的 15 个工业行业产能利用率比

2016 年有明显回升。[1]

之所以采用行政手段去产能，是因为在各级地方政府的行政保护等行为方式没有根本改变的情况下，仅靠市场调节很难起到应有的作用。以行政手段对冲行政手段，反而容易见效。但靠行政命令压缩产能也带来了明显的负面影响，主要是钢、煤等产品价格大幅度上涨，有些地方还出现了效率较高的企业被迫停产或退出，低效率企业反而受到当地政府保护得以继续存在的现象。

过去两年，部分产能严重过剩的行业不仅产能减少，产量也出现了下降。粗钢 2016 年全国产量 8.07 亿吨，比 2014 年减少 1470 万吨。原煤减产幅度更大，2016 年产量 34.1 亿吨，比 2013 年减产 5.64 亿吨。焦炭 2017 年产量 4.3 亿吨，比 2013 年减产 5037 万吨。产量下降带来了这些产品价格大幅度反弹。以山西 Q5500 动力煤为例，吨煤价格从 2016 年 1 月到 12 月份从 370 元涨至 600 元，主焦煤从不到 700 元涨至 1700 元。河北市场的普碳方坯，2016 年吨钢价格从年初的 1500 元左右上升到年末的 2800 元，2017 年 12 月份又涨至 3800 元左右。上海市场的螺纹钢价格，2016 年初大约 1900 元 / 吨，到年末回升至 3200 元 / 吨，2017 年 12 月又上涨到 4300~4900 元 / 吨，吨钢毛利达到 2000 元左右，成本利润率接近 100%。[2]

2017 年，煤炭采选业和黑色金属冶炼压延业的生产者出厂价格指数分别上涨 29% 和 28%，2018 年继续较大幅度上涨。钢铁、煤炭价格上升到前所未有的高位，这虽然给相关行业带来了高额利润，

1　数据见新华网报道和国家统计局网站。

2　数据来自国家统计局网站和钢铁、煤炭等各相关专业网站，下同。

但也大大增加了中下游产业的生产成本。例如，2017年化工、化纤、设备制造、汽车制造、电气机械、计算机和通信设备、金属制品等行业的主营业务成本比2016年上升了8%~28%不等，2018年1~6月继续有10%左右的成本同比上升，使一些制造业行业面临困难。价格上涨还导致产量和产能的反弹，2017~2018年，粗钢生产又创历史新高，一些已经压掉的地条钢产能也在死灰复燃。

这些情况说明行政性调控能够很快起到作用，迅速改变供过于求的状况，但很难把握合理的度，有时做不到位，真正加大力度时常常又做过了。另一个突出问题是行政调控只能靠下指标、定任务、一刀切，很多地方是按比例去产能，很难区分哪些是应当继续经营的高效率企业，哪些是产能过剩、需要淘汰的低效率企业，很难根据不同情况做出恰如其分的处置。结果有可能高效率企业被迫关门退出，低效率企业反而保留下来，这不仅不利于公平竞争，还可能严重影响效率。

在一些情况下，去过剩产能变成了去产量，即地方政府为了完成任务，迫使企业按比例停产，这额外增加了企业成本，减少了产量，但该去掉的产能反而没有去掉。一旦情况好转，企业马上可以恢复生产。产量迅速收缩是去产能行业的产品价格会大幅度反弹的主要原因。

扬汤止沸，不如釜底抽薪。釜底抽薪的办法是从改革体制机制做起，减少对市场和企业的行政干预，撤销对"僵尸企业"的行政保护，让市场竞争优胜劣汰的机制真正起作用，淘汰经营不善的低效率企业，抑制缺乏效益的政府投资，减少政府对资源价格的干预。只有这样，才能从根本上纠正结构失衡。

在房地产去库存方面，结构调整也遇到了类似情况。2016 年提出去库存的结构调整任务后，相关政策重点从控房价转向促销售，同时 2016 年货币仍然宽松（M2 和贷款分别增长 11.3%、13.5%，还有大量常规统计反映不出来的表外融资），是额外拉动需求的因素。虽然销售上升、库存下降，但一促一拉，导致房价大幅上涨。2016 年，全国商品房均价上涨了 10%。全国 70 个大中型城市中有 66 个城市的新建住宅价格同比上升，其中有 14 个城市超过 20%，个别涨幅超过 40%。房价暴涨的多数是一、二线大城市。2017 年，房地产面临既要去库存又要控房价的两难局面，迫使监管者采取了行政性限价等临时措施，减缓了新房涨价，但限价又导致了二手房价格大涨，与新房价格倒挂，限价的新房排队抢购，成为刺激未来房价继续上涨的因素。全年按销售单价平均又上涨了 5.6%。2018 年 1~7 月，一线城市房价涨势趋缓，但二、三线城市继续保持了 5%~7% 的房价涨幅。

导致我国过去房地产库存过大、房价过高的两个关键症结是现行土地制度和货币宽松。现行土地制度赋予地方政府独家征地、独家卖地的垄断权力，使地方财政过度依赖土地收入，刺激地方政府不断推动房地产开发，导致过度投资，并通过推动地价上涨进一步带动房价上涨。加上货币宽松、流动性充裕的外在条件，地价和房价自然不断走高。这又反过来刺激了投机性购房需求，诱导房地产投资继续扩大。近一时期货币供应减速，有助于抑制房价上涨，但土地制度尚未改革，仍然是推动房价上升的一个内在因素。

在去杠杆方面，根据一些投资机构测算，中国宏观层面的债务杠杆率（非金融企业、政府、个人债务之和占 GDP 之比）目前为

250%~260%，处在高风险状态，整体杠杆率目前还在继续上升。表16 用金融机构贷款与 GDP 之比和社会融资存量与 GDP 之比来近似表示杠杆率的变化（请注意两者都不代表全口径的杠杆率，因为政府债务基本上未包括在内，社会融资对表外融资的覆盖也不全，两者都只能近似反映杠杆率的变化趋势）。可以看到，两者近年来还在继续上升，只是升速明显趋缓。

表 16 近年来的杠杆率变动趋势

单位：%

	2010 年	2015 年	2017 年
金融机构贷款 /GDP	116	137	145
社会融资 /GDP	157	202	211

资料来源：国家统计局网站、中国人民银行网站。

但一个显著变化是广义货币供应量 M2 的增长率 2017 年已经从过去几年的 11%~14% 减缓到 8.2%，2018 年 1~7 月份为 8.5%，多年来首次出现了货币供应恢复常态的新变化。导致这一变化的主要因素是对过去不规范的表外融资进行了控制，是积极的变化。同期，一些表外融资转向表内，是贷款增速仍然较高的原因（金融机构贷款增长仍保持在 12% 以上）。

与此同时，也出现了一些风险性因素，主要是实体经济领域的中小微企业融资条件趋紧，面临困难的企业数量明显增加。之所以在贷款增长超过 12% 的情况下仍然出现融资困难，需要从深层次的体制机制原因进行分析。

毋庸讳言，我国金融市场仍然缺乏公平竞争的融资条件。根据国民经济研究所 2015~2016 年对全国超过 2000 家企业的调查，样本中非国有企业的贷款难度明显大于国有控股企业，前者平均评分为 3.49 分，后者为 4.03 分（5 分表示难度很小，很满意；1 分表示难度很大，很不满意）。非国有企业融资成本也显著高于国有企业，非国有和国有控股企业贷款成本评分分别为 3.21 分和 4.04 分。这说明非国有企业不仅比较难获得银行贷款，而且利息成本更高（见表 17）。

上述调查按大、中、小、微企业分组，贷款难度差异同样显著；大型企业融资最容易，小微企业融资最难。按贷款成本评分，也是大型企业融资成本最低，小微企业融资成本更高。将国有企业和非国有企业分开后再按大、中、小、微企业分组统计，不同规模企业的融资难度差异和融资成本差异仍然十分显著。

表 17　企业融资难度和融资成本评分的差异

单位：分

	国有企业	非国有企业	大型企业	中型企业	小型企业	微型企业
贷款难度	4.03	3.49	3.89	3.61	3.35	3.15
其他融资难度	3.47	3.31	3.47	3.38	3.25	3.04
贷款成本	4.04	3.21	3.99	3.31	3.06	2.43
其他融资成本	4.58	3.09	4.47	3.00	3.08	2.00

注：该评分来自 2015~2016 年对全国 2122 家企业的问卷调查。5 分为最高分，表示很满意；1 分为最低分，表示很不满意。

资料来源：王小鲁、樊纲、马光荣：《中国分省企业经营环境指数 2017 年报告》，社会科学文献出版社，2017。

上述情况也说明，由于非国有企业特别是其中的小微企业贷款难，它们会更多依赖表外融资渠道，因而融资成本也更高。在这种情况下，如果表外融资渠道收紧，而表内融资渠道对非国有小微企业仍然不通畅，必然使这些企业面临困难。因此，当前解决企业融资难的问题，单纯放松银根不会有很大的作用，特别要防止再度出现大水漫灌的情况，导致降杠杆的努力前功尽弃、金融风险再度上升。关键要改善不同企业之间不平等的融资条件，纠正银行贷款中对非国有小微企业实际存在的歧视。此外还需要在保持金融风险可控的情况下推进金融创新，增加这些企业的外部融资渠道。

结构失衡的关键因素是长期以来资本形成率（投资率）过高、消费率过低，导致无效投资过多、产能过剩、效率下降，而消费需求不足以支持经济增长。近年来虽然消费率有所回升、投资率有所回落，但 2017 年资本形成率仍然高达 44.4%，消费率只有 53.6%（其中居民消费仅占 GDP 的 39.1%），这一水平虽然与 2010 年相比略有提高，但与世界各国的情况相比仍有很大差距，与我国上世纪八九十年代改革期间的常态相比，投资率仍然高 10 个百分点左右，消费率低 10 个百分点左右（见表 18）。这是长期以来政府投资过多、负债过度、货币过松、市场配置资源机制受到干扰，以及政府支出结构不合理、土地制度弊病等体制机制问题导致的，并与收入分配失衡密切相关。因此，治标的办法已不能根本解决结构失衡问题，必须推进深层次体制改革和政策调整，使经济恢复健康增长。

表 18 我国资本形成率和消费率与世界水平的比较

单位：%

	资本形成率	最终消费率
世界平均	19	81
高收入国家	17	83
中等收入国家	28	71
中国（1980 年）	35	65
中国（1990 年）	34	63
中国（2000 年）	34	63
中国（2010 年）	49	48
中国（2017 年）	44	54

资料来源：国家统计局：历年《中国统计年鉴》；世界银行：《世界发展指标 2011》（2009 年数据），中国财政经济出版社，2011。

3. 建立新型的政府与市场关系

在过去 40 年的经济发展中，政府扮演了重要角色。特别是在改革初期，市场发育不足，地方政府积极参与竞争，进行投资，以各种优惠政策招商引资，曾经对地方发展起了重要作用。2000 年以后，各地政府的基础设施和城市建设投资大幅度增长，对改善交通运输、通信等条件和推进城市化也起了重要作用。这被普遍认为是"集中力量办大事"的中国特色发展道路的集中体现。但在市场不断成长的过程中，过多的政府参与也越来越多地显现出各种弊端。

由于地方政府主要关心的问题并不是经济效益，而是增长政绩、财政收入、城市形象等因素，投资亏损也不需要官员个人承担责任，不怕拖欠银行债务，因此过去各地政府投资和政府推动的投资往往具有赶潮流、规模大、同步性和重复性强、忽视风险、不计成本的特征。这种类型的投资浪潮出现了一轮又一轮，也带来了过度投资、重复建设，造成产能过剩、资源浪费、债台高筑。这种情况也挤占了市场资源，影响了民营经济发展和居民消费。我国近年来的严重产能过剩、房地产供给过剩、杠杆率过高等结构失衡现象，与这类现象密切相关，尤其是 2008~2010 年间地方融资平台大规模举债投资，带来一系列不良后果。地方政府大规模参与投资，还因为官员支配资源权力过大，经常导致滥用职权、官商勾结、寻租腐败。

这些情况早在改革初期就已存在，但过去十几年间愈演愈烈，在 2008~2010 年实行双宽松政策期间更是达到了高峰。近期由于对地方政府借债采取了一些约束措施，政府投资已明显减缓。这种变化是积极的。有些人担心政府投资减少会影响经济增长，但内需拉动经济增长绝不仅限于投资，消费同样具有这种功能。不能仅仅从投资拉动经济这一狭窄的视角来进行评价。而如何合理规范政府职能，如何从制度上有效约束政府行为，仍然是一个要通过深入的政府改革来解决的问题。

因此，当前迫待推进的一项重要改革是理顺政府与市场的关系，切实减少政府配置资源，确保市场在资源配置中起决定性作用。政府职能需要转变，向服务型政府转轨，建立新型的政府与市场关系。

在竞争性领域，需要建立公平竞争、优胜劣汰的市场，清理各种导致不公平竞争的地方优惠政策和政府保护措施，杜绝不适当的政府干预，通过公平的市场竞争实现资源配置优化，让高效率的企业在竞争中发展壮大。

在市场失灵、部分失灵或短期内不能有效发挥作用的领域，需要更好发挥政府作用。这包括基础设施建设、城市规划和管理、公共服务和社会保障、收入再分配、基础科学研究以及少数重要的科技研发领域和瓶颈环节。但在这些领域，也并非政府投资和政府参与越多越好，而需要在合理方向和合理限度内进行投资和参与。

在解决公平和效率的关系这对矛盾中，政府应主要承担保证社会公平的任务，提高效率主要靠市场发挥作用。

一种流行观点认为中国特色道路就是政府深度参与经济活动，搞"举国体制"。这种认识是片面的。改革前的计划经济时期，政府包揽了几乎所有经济事务的决定权，但事实证明这种模式是失败的，中国是在转向市场经济体制的过程中和基本形成市场体制后才取得了近40年高速增长的优异成就。其中政府的参与在某些方面是成功的，如基础设施建设。同时也有很多失败的惨痛教训，例如，政府过度投资和过度借债导致的严重经济失衡；政府过度干预市场和厚此薄彼的倾斜式优惠政策、多方面的限制性政策导致的效率降低、不公平竞争、资源错配。各级党政一把手权力过度集中和家长作风更给任意干预经济留下了重大隐患。当前更需要认真总结失败教训，继续推进市场化改革，才能走出结构失衡，提高发展质量。

转变政府职能，需要政府转型。政府工作要从以 GDP 为中心转向以为公众和企业服务为中心，政府和官员的政绩评价要从地方经济增长、投资项目和外在市容景观转向改善民生、改善市场环境和法治环境，从工作让上级满意转向让老百姓及企业满意。要实现这一转型，就需要实现全社会对权力的民主监督，需要按照十八届三中全会决议所指出的，深化政治体制改革，加快推进社会主义民主政治制度化和法治化的进程。

建立新型的政府与市场关系，还包括政府切实承担保持宏观经济稳定的职责，杜绝为追求短期政绩而采用高风险的货币刺激政策，切实保持货币中性，促使过高的杠杆率下降，维护经济的长期健康发展。

4. 国企改革与公平竞争

当前国有企业改革仍然是颇具争议的领域。国有企业之所以需要改革，首先是因为近年来竞争性领域的国有企业效率仍然显著低于民营企业（见表19）。以 2017 年"规模以上"工业企业数据为例，非国有企业亏损面（亏损企业占企业数的比重）只有 11%，而国有控股企业亏损面高达 25%，是前者的两倍多；非国有企业总资产利润率为 8.4%，而国有控股企业只有 3.9%，不到前者的一半。

虽然国有控股企业总资产利润率比 2016 年上升了 1 个百分点，但外部因素（主要是原材料价格大幅度上涨导致一部分国企利润增加）起了主要作用，而且 2018 年上半年再度下滑。2017 年，非国有企业的杠杆率（企业总负债/总资产）为 52.5%，国有控股企业为 60.4%，后者借债更多，风险更大。上世纪 90 年代后期推进国有企业改革后的一个时期，国有控股企业绩效明显提高，与非国有企业的绩效差距明显缩小。但近些年来，国有控股企业绩效又出现持续下滑，与非国有企业的差距再次扩大。

表 19　近年来国有和非国有企业绩效差异

单位：%

年份	2015	2016	2017
国有控股企业亏损面	29.8	26.8	24.7
非国有企业亏损面	12.3	11.1	11.1
国有控股企业总资产利润率	2.9	2.9	3.9
非国有企业总资产利润率	9.0	8.6	8.4
国有控股企业资产负债率	61.4	61.4	60.4
非国有企业资产负债率	53.2	52.4	52.5

资料来源：据国家统计局网站"规模以上"工业企业数据计算得到。

国有控股企业上述不令人满意的绩效，还是在拥有若干特定优惠条件下实现的，包括容易获得银行贷款且利息通常较低，容易获得廉价土地或其他优惠和补贴，在石油、电力、烟草以及金融、电信等垄断性或高盈利的领域拥有控制权等，而普通民营企业通常不具备这些优惠条件。过去两年，行政性去杠杆导致了能源和原材料价格大幅度上涨，改善了相关领域企业的经营业绩。这一外部因素给国有控股企业带来的好处也大于非国有企业。

这些情况说明改革 40 年来，国有企业虽然在制度上已经自负盈亏，参与市场竞争，并与非国有企业同等纳税，但还有诸多方面没有彻底改革或改革进展不显著，有些长期存在的体制问题迟迟没有解决。

其一，国有企业在管理体制上与非国有企业相比仍有重大差异，最大的差别是"老板"不一样。非国有企业的所有者通常关心的是企业绩效，关键是企业盈利能力和长期发展的持续性。而国企的"老板"是各级政府，政府的态度又取决于关键的党政官员，他们主要关心的有可能不是企业盈利和未来发展，而是短期内如何做大 GDP，从而体现出当地的政绩。企业负责人同当地党政负责人的个人关系往往也起举足轻重的作用，企业常常需要"照顾好"上级官员，否则事情难办。

对央企而言，企业上面还不止一个"婆婆"。国资委是企业的主管单位，国家发改委管企业项目审批，财政部管拨款，中组部管高管人事任免，人力资源部管高管薪酬，这些部门都有自己的一套行政规则，照章办事，但部门间从来不会为一家企业的整体发展坐在一起讨论，进行沟通和政策协调。上级部门都是企业的领导，哪个也不能得罪。如果"婆婆"们意见不一致或规则互相打架，企业就无所适从，只能在部门间"和稀泥"。地方国企可能也有类似的问题。

因此，国有企业改革首先要从政府做起，竞争性国企的政府管理要从管企业转向管资本，从多头行政管理转向以资本运营公司的方式管理。运营公司不再是政府行政部门，它作为老板，要管的是国有资本保值、增值，而不是具体管企业经营。政府对企业的要求从多目标转向目标明确、业绩为先，放手让企业作为身份独立的市场参与者参加市场竞争。这方面的改革，当前还没有从基本原则走向具体落实。

其二，要解决国有企业定位和各类企业公平竞争的问题。在竞争性领域，要破除按所有制对企业划分亲疏远近的旧观念，做到一碗水端平。国企要效率优先，服从优胜劣汰原则，要有退出机制，不应再享受特殊优惠和保护。推行混合所有制改革，也不应设置以国有企业为主体和强化国企控制力的前提，企业间互相参股、兼并、重组的目的不是国企吃掉民企，而应以提高效率为原则，按市场的公平交易规则进行。邓小平当年提出的"不要纠缠姓资姓社"仍然适用。那种认为国企代表社会主义，民企代表资本主义，混合所有制改革必须以国企为中心的主张，是改革以前陈旧观念的延续。没有公平竞争、一视同仁，就无从提高效率。在天然垄断和提供公共产品的领域，国企要承担某些特殊责任，但同时需要靠更完善的制度和监管来防止企业滥用特殊地位为少数人牟取利益，也要防止企业行政化、官僚化的倾向。

其三，国有企业在实行现代企业制度方面不应例外。党的领导是指党管大政方针，党组织要发挥监督作用，不能变成党组织取代和架空董事会，插手企业经营管理。改革以来实行的党政分开、政企分开的原则是走向市场化所必须遵循的原则，不能随意改变，否则就偏离了改革方向，违背了市场经济原则。国有企业是全民公有的市场经济组织，不是党组织的下属机构，如果这一点不明确，必然给国企走向世界、参与国际竞争设置不必要的制度障碍，把国企置于极其不利的地位。

其四，国企要按市场规则改革人力资源管理、激励和监督机制。国企负责人身份不应再是党政官员，而要转变为企业家，取消行政级别，不再按党政干部管理考核。国企管理者和员工的薪酬制度要市场化。过去的一种倾向是政府放弃对企业的监管，结果管理者可以不顾企业效益，任意给自己发高薪，甚至挥霍公款，监守自盗，个人发财。现在另一种倾向是对国企高管采取低于市场报酬的限薪政策，而且对企业的监管事无巨细、求全责备，不顾企业效益，不分大事小事查起来没完，让企业管理者无所适从、动辄得咎，不能集中精力搞好经营管理。这种情况亟须改变。国有企业的关键岗位应鼓励引进期权制和利润分享制。

其五，在天然垄断、市场部分失灵的领域，提供公共产品和公共服务的领域，凡是能引进竞争机制的领域都应尽可能降低进入壁垒、引进市场竞争。包括教育、医疗等领域，应当实行公营和民营机构并存的双轨制，也包括按企业化方式运作的民营机构。只有引进竞争，才能推动公营单位提高效率。公立学校和医院等服务型公营单位还应在强化审计监督和社会监督的前提下拥有足够的自主经营权，理顺激励机制，减少行政干预，加强专家作用，鼓励多样化发展。防止行政化、官僚化倾向，促进提高效率，鼓励创新探索。

5. 财税体制与民生

近年来财税体制改革在营改增方面有进展，在减少和规范专项转移支付、增加完善一般转移支付方面有小幅度改善。在实现预算公开透明方面、事权和支出责任相适应方面看来进展不大。在建立跨年度预算平衡机制、房产税改革等方面未见到实际进展。财政预算收支和政府性基金收支分立的状况至今没有改变。

在个人所得税改革方面，2018 年全国人大常委会修改通过的《中华人民共和国个人所得税法》，对不同类型的劳动所得实行统一税率、综合计征，在免征额和税率结构方面做了较大的调整、增加了专项扣除，总体而言使大部分工薪劳动者减轻了税负。但仍然存在的一个突出问题是保留了在劳动所得和非劳动所得之间实行税率差异很大的分类计征方式。劳动所得继续实行超额累进税制，最高税率为 45%；经营所得最高税率为 35%；财产性收入等非劳动所得（利息、股息、红利、财产租赁所得、财产转让所得、偶然所得）税率更低，只有 20%，不实行累进。而事实上按财政部等部门的现行规定，多数情况下上述财产所得都可以免税。[1] 目前这些规定并没有修改。这导致工薪阶层的中高层（基本属于中产阶层）税负高，真正的富人税负低或者不纳税，显然不利于平衡收入分配。

在从分类计征转向综合计征方面，新修订的《中华人民共和国

1　财政部、国家税务总局和证监会 2015 年规定，个人持有上市公司股份一年以上的，股息和红利所得"暂免"征收个人所得税，持股期限在 1 个月以上至 1 年（含 1 年）的，暂减按 50% 计入应纳税所得额；财政部、国家税务总局 1994 年规定，外籍个人从外商投资企业取得的股息、红利所得"暂免"征收个人所得税；财政部、国家税务总局 1994 年、1996 年、1998 年规定，股票转让所得"暂免"征收个人所得税。应说明的是，国务院 2013 年批转发改委若干意见的国发 6 号文规定："取消对外籍个人从外商投资企业取得的股息、红利所得免征个人所得税等税收优惠。"但此后财政部和国家税务总局并未发文取消上述优惠政策，因此存在政府文件互相打架，甚至政府部门不执行国务院规定的情况，地方按哪个规定执行可以各取所需。还应注意到，在全国人大没有授权的情况下，政府部门有没有权力做出与现行法律不一致的规定，这是否符合依法治国的基本原则，是存在疑问的。

个人所得税法》只是把劳务报酬、稿酬、特许权使用费等劳动所得（主要是脑力劳动所得）纳入综合计征的范围，反而提高了这部分劳动所得的边际税负，对于鼓励研发和科技创新可能产生不利的影响。更需要做的改变是，对各类劳动所得和非劳动所得实行综合计征，公平纳税，把过高的税率降下来，过低或不纳税的提上来。例如，最高边际税率可考虑从45%降到35%，但不同来源收入应按同样的税率纳税，不应厚此薄彼，区别对待。其中，实体私营企业的所有者已经缴纳了企业所得税，在征收个人所得税时要研究是否应实行抵扣？希望在下次修法时能看到这些方面的进展。但为了公平收入分配，目前股息、红利收入和炒股收入不纳税的部门规定应当改变。这些免税规定不在法律之内，可以并应当及时做出修改。

房产税是世界各国普遍采用的一项税制，我国在这方面仍是空缺，应当适时推进。房产税改革早就在上海和重庆两市进行了试点，但并未在全国推行。鉴于我国目前的土地一级市场是由地方政府垄断，而且大城市的地价、房价已经过高，成为普通老百姓的沉重负担，在土地制度未改革前，推出房产税的适用面宜窄不宜宽，对合理范围内的自住房不应征税，以避免加重普通居民的住房负担。但对拥有多套房产用于炒房牟利的少数人，适时推出房产税改革是合理的、必要的。提高囤房炒房的成本，有利于阻止房价越炒越高的趋势，促进房价回归合理水平。同时这也能够给地方政府开辟一个合理的收入渠道，为改革土地制度、减少政府土地出让收入准备条件。

财税体制改革需解决的另一个更关键问题是财政支出结构转型。我国的财政预算支出结构与发达国家相比，明显的差别是行政管理费支出和政府投资支出占比过高，而公共服务（包括社会保障、救济和减贫）支出偏低。发达国家政府的行政管理费通常占财政支出的 10%~11%，占 GDP 的份额通常在 3%~4%，而我国自 20 世纪 90 年代以来，行政管理费支出占财政支出的比重从 12% 左右上升到 20% 以上，占 GDP 的比重从 2% 左右上升到 5.3%，呈不断上升趋势，特别是 2000 年以后快速上升（见表 20）。[1]

表 20　公共投资和公共教育医疗支出占 GDP 之比

单位：%

	1990 年	2000 年	2010 年	2017 年
行政管理费①/GDP	2.2	2.8	5.5	5.3②
国家预算资金中固定资产投资 /GDP	2.1	2.1	3.2	4.7
国有控股单位投资 /GDP	15.9	18.6	25.0	28.2
公共教育支出 /GDP				
中国	2.5	2.2	3.6	3.7
中等收入国家			4.1	
世界平均			4.5	
公共卫生支出 /GDP				
中国	1.0	0.7	1.4	1.8
中等收入国家			2.7	
世界平均			5.7	

注：①自 2007 年起财政部和国家统计局因统计口径改变，不再公布行政管理费数据。2006 年行政管理费占 GDP 的比重已上升到 3.5%。表中 2010 年和 2016 年数据是笔者根据财政部历年公共预算支出决算表计算的，可能包含某些不可比因素，仅供参考；②为 2016 年数据。

资料来源：国家统计局网站数据；财政部网站数据；世界银行:《世界发展指标 2011》。

从表 20 还可以看到，来自国家预算资金中固定资产投资占 GDP 的比重近年来同样呈快速上升趋势。2000 年为 2.1%，到 2017 年上升到了 4.7%。广义政府投资（国有控股单位投资）占 GDP 的比重上升

1　另参见王小鲁《国民收入分配战略》，学习出版社、海南出版社，2013，第 217~219 页。

更快，而且占比高得多，2017 年占到 GDP 的约 28%。其中少部分来自国家预算，大部分来自银行贷款和其他融资。这导致了政府和国有企业的杠杆率快速上升。

政府收入用于行政管理费和投资支出比重过高，一方面导致了公共资源的低效率使用，挤占了本可以用于民生的资源，压低了居民消费；另一方面过度投资还导致了产能过剩、杠杆率过高和投资效率急剧下降等结构失衡现象。近几年，我国财政支出中公共服务、社会保障等民生支出比重虽有提高，但与国际通常情况相比，这方面的支出比重仍然明显偏低（见表 20）。这对进一步提高居民生活水平、促进人力资本形成和创新发展以及消费需求拉动经济增长都有显著不利影响。

要实现结构再平衡，关键在于改善政府支出结构。要落实十八届三中全会提出的把资源配置决定权交给市场的任务，政府支出重点应从固定资产投资和行政性支出转向以改善民生为中心。这是建设服务型政府的职能转变中最重要的一环。在基础设施和城市建设等领域，政府仍然应当承担主要投资职责，但必须遵循经济合理性原则，杜绝不计效益的盲目投资。

6. 城镇化与户籍改革

中共中央和国务院在《国家新型城镇化规划（2014—2020年）》中指出："大量农业转移人口难以融入城市社会，市民化进程滞后。目前农民工已成为我国产业工人的主体，受城乡分割的户籍制度影响，被统计为城镇人口的 2.34 亿农民工及其随迁家属，未能在教育、就业、医疗、养老、保障性住房等方面享受城镇居民的基本公共服务……""城镇内部出现新的二元矛盾，农村留守儿童、妇女和老人问题日益凸显，给经济社会发展带来诸多风险隐患。"规划还指出，在城镇化过程中存在一些明显的不良倾向，包括"'土地城镇化'快于人口城镇化，建设用地粗放低效。一些城市'摊大饼'式扩张，过分追求宽马路、大广场，新城新区、开发区和工业园区占地过大，建成区人口密度偏低"。这些情况说明，我国城镇化中突出的问题是重物轻人，"物"的城镇化超前或过度，而"人"的城镇化严重滞后。

表21列出了2011年和2014年我国外出农民工参加各项城镇职工基本保险的比例。根据国家统计局调查，2014年外出农民工被工伤保险、养老保险、医疗保险覆盖的比例分别只有30%、16%、18%，失业保险和生育保险的覆盖率都在10%以下（2014年以后未见公布新的相应数据）。

从表中可见，2011~2014年这三年间，外出农民工五项保险中，除工伤保险的覆盖率提高幅度稍大外，其他保险的覆盖率提高幅度只有1~3个百分点。按这样的速度，要把大部分农民工纳入社会保障体系，还需要几十年。

表21 2011年和2014年外出农民工参加"五险一金"的比例

	工伤保险	医疗保险	养老保险	失业保险	生育保险	住房公积金
2011年（%）	23.6	16.7	13.9	8.0	5.6	—
2014年（%）	29.7	18.2	16.4	9.8	7.1	5.6
增加（百分点）	6.1	1.5	2.5	1.8	1.5	—

资料来源：国家统计局：《2011年我国农民工调查监测报告》（2012年），《2014年全国农民工监测调查报告》（2015年），国家统计局网站。

为了让农民工能够尽快纳入社会保障覆盖，能够在他们就业的城镇安家落户，中共中央和国务院在上述规划中提出要"有序推进农业转移人口市民化，稳步推进城镇基本公共服务常住人口全覆盖"，到 2020 年要使户籍人口城镇化率达到 45% 左右，比 2012 年提高 10 个百分点。要使城镇常住人口的基本养老保险、基本医疗保险覆盖率大幅度上升到 90% 和 98%。

近几年，户籍改革有了相对较快的推进，据统计，2017 年城镇户籍人口比 2012 年增加了 1.11 亿人。但城镇化是个动态过程，同一时期城镇常住人口也增加了 1.02 亿人，因此城镇非户籍常住人口仅从 2.34 亿人轻微减少到 2.25 亿人，5 年累计只减少了 900 万人。按这个速度计算，到 2020 年虽然户籍人口城镇化率可以提高到 45%，但届时城镇仍将有 2.2 亿无户籍的常住人口；到 2040 年仍将有超过 1.8 亿城镇常住居民没有城镇户籍，农民工市民化和公共服务全覆盖的任务将仍难完成。[1]

户籍改革和公共服务全覆盖推进不理想，并非像有些人所说，是因为公共财力不足。我国长期以来财政收入增长快于 GDP 增长，财政支出中行政管理费的增长更快，近些年来约占全国财政支出的 21%~22%[2]，而多数发达国家该比例为 10%~12%，我国与之相比高约 10 个百分点，每年多支出近 2 万亿元。如果能够通过精简机构和继续压缩"三公消费"，将这项支出节约下来，那么不必增加企业和居民负担，仅此一项就可以解决约 1 亿农民工的社会保障覆盖问

1　数据来自国家统计局网站。

2　据财政部网站数据计算得到。

题，户籍改革和农民工市民化速度可以大大加快。

除此之外，我国每年还有大量的政府和国有企业投资，其中低效或无效投资很多。很多城市为了市容美观，大规模拆旧城建新城，甚至使用不到 20 年的楼房建筑被大量拆除，造成巨大的浪费。2016 年，国有控股单位的固定资产投资总额高达 21.3 万亿元。如果能够压缩其中 10% 的低效或无效投资，将每年至少节约资金 2 万亿元，用于户籍改革和公共服务全覆盖将绰绰有余。

因此，推进城镇化和户籍改革的关键在于，把城镇化指导思想从大量投资、拆城建城转向人的城镇化，并减少不必要的行政性支出和"三公消费"，把钱实实在在用于改善老百姓的福利，实现从以 GDP 为中心向以服务为中心的政府转型。

7. 土地制度改革

在土地制度改革方面，中共中央十八届三中全会决定（2013年）指出，改革方向是"建立城乡统一的建设用地市场。在符合规划和用途管制前提下，允许农村集体经营性建设用地出让、租赁、入股，实行与国有土地同等入市、同权同价。……扩大国有土地有偿使用范围，减少非公益性用地划拨"。决定还提出："保障农户宅基地用益物权，改革完善农村宅基地制度，选择若干试点，慎重稳妥推进农民住房财产权抵押、担保、转让，探索农民增加财产性收入渠道。"

现行土地制度给予地方政府独家征地卖地的权力，允许地方政府以远低于市场价格的补偿条件从农民手中征地，并在市场上以高价出让土地，获得高额收益。该制度在开始实行时，对于缓解地方政府财政困难起了相当重要的作用。但后来地价越推越高，征地范围越来越大，带来了一系列消极影响。享有土地所有权的农民集体无权出让自己的土地，在征地中处于被动地位，通常也不能参与土地溢价收入的分享。这与宪法关于农村土地归农民集体所有的规定是相冲突的，造成了对农民的剥夺。

2017 年，全国土地出让收入 5.21 万亿元，相当于同期地方公共预算收入（9.14 万亿元）的 57%。[1]地方政府通过卖地在公共预算之外获得了大量收入，自由支配的空间很大，既可以用来投资（十八大以前有大量的政府楼堂馆所投资，此外包括政府各种城市建设项目投资和用来垫付新一轮征地开发的投资），也可以用于行政事业支出（其中也包含大量政府自身消费）。

土地收入带来的巨大利益使地方政府热衷于征地卖地，并有动力推高地价以获得高额收入。由于地方政府在当地的土地市场上处于独家垄断地位，抬高地价很容易做到。政府还可以用手中的土地进行抵押，大量从银行借债，来进行新一轮投资，推动房地产开发。在实践中，地方政府往往不用实际征地，只要某一地块纳入了城市建设规划，就可以用作抵押从银行贷到款。这种空手套白狼的方式可以把借债和投资规模无限扩大。

不断抬高的地价，加上货币宽松的外部条件，导致地价、房价轮番上涨，进而又刺激了投机性购房需求，推动房价继续上涨。这种恶性循环导致少数人暴富，而对有住房需求的中低收入居民则造成沉重的负担。以北京市为例，2000 年，全国商品住宅每平米

1　数据见财政部网站《2017 年财政收支情况》。

售价只有 1948 元，北京市也不过 4557 元。2016 年，全国商品住宅每平米售价上升到 7203 元，北京市则上升到 2.85 万元。[1] 其实这个平均价格是被远郊区的房价大大拉低了，并不反映北京城区的实际房价情况。目前北京市五环路以内的房价已普遍达到每平米 5 万 ~ 10 万元，一套 100 平米的住房动辄 500 万 ~1000 万元，是工薪阶层年收入的几十倍甚至上百倍。这就把青年工薪劳动者普遍挡在住房市场之外，即便租房也难以承受。能够买房者不仅花光了父母甚至祖父母的毕生积蓄，还背上沉重的债务，要偿还几十年。对背井离乡到大城市打工的外来劳动者，住房更成了不可实现的梦想。

高房价还推高了城市商业和服务业的房产租金成本。不断上涨的地价、房价通过提高商业和服务业价格，转嫁给广大消费者。在大城市，估计全部商业和服务业销售收入中约 1/3 到 1/4 是用于补偿房租成本，这是一笔巨大的支出，显著增加了消费者的负担。因此上面这些情况说明，现行的土地制度对收入差距扩大、房地产过度投资、杠杆率过高和资产泡沫过大负有重要责任，是导致结构失衡的重要原因。

针对这种情况，落实十八届三中全会决定，改革政府垄断土地供应的制度，开放土地市场，是改革的必然选择。土地市场开放后，地源不再独家垄断，有利于抑制房价上升。同时随着城镇化的发展，越来越多的农村人口向城镇化转移，农村也会有越来越多的村庄占地出现闲置。开放土地市场，有利于这些闲置的土地资源得到有效利用，也会减少随着城市面积不断扩大而产生的占用耕地的

1　数据见国家统计局历年《中国统计年鉴》。

压力。在这方面，有些地方已经创造了一些非常有价值的经验。例如，允许边远地区农村对闲置土地进行复垦并转让土地指标，通过占补平衡使城市获得需要的土地，而农村则扩大了耕地面积，并使农民能够参与分享城市化带来的收益。

但土地制度的改革近年来始终停留在少数区县级单位试点的阶段，全国范围一直没有显著进展。在全国范围，目前还有许多条条框框对土地进入市场进行限制。例如，将农村集体经营性建设用地解释为仅限于原乡镇企业占地，不属于乡镇企业用地则不许出让。再如，规定农民的闲置宅基地进行转让只能在本村村民的范围内进行，不得转让给外来者或城里人。这些限制都不利于推进土地制度改革和土地资源的有效利用，需要改变。

随着城镇化的发展，目前已有几亿农村人口转变为城镇常住人口。未来城镇化还将继续推进。伴随户籍改革和城镇社保及公共服务的逐渐完善，将有越来越多的农村转移人口在城镇定居，也会有越来越多的农村住房和宅基地闲置。这是一笔巨大的潜在财富，但目前基本没有得到利用。城镇占地不断增加，村庄占地又减不下来，这已经对现存的耕地面积形成了巨大挑战。按此趋势，耕地保护红线必然被突破。

2016年，全国乡村人口5.9亿人，比城镇人口少2亿人，但村庄占地14.6万平方公里（2.2亿亩），比城镇建成区多占地3.2万平方公里（4868万亩）。从1990年到2016年，26年间城市、县城和建制镇、村庄占地面积总共扩大了10多万平方公里，主要占的是耕地面积（见表22）。这说明村庄占地中存在巨大的资源浪费。允许农民转让住房和宅基地使用权，就盘活了一笔巨大的资产，增加了农民的财产收入，支持了农村转移人口在城镇安家立业。对城乡居民、对经济发展、对整个社会都大有裨益。对此，政策应该积极促进，而不应横加阻拦。加快推进土地制度改革，将是一场意义重大的改革。

表22 城市、县城和建制镇建成区占地和村庄占地面积变化（万平方公里）

年份	城市建成区	县城和建制镇建成区	村庄	合计
1990	1.29	2.03	12.50	15.81
2000	2.24	3.13	14.46	19.84
2010	4.01	4.84	14.74	23.59
2016	5.43	5.92	14.60	25.95

资料来源：中华人民共和国住房和城乡建设部历年《中国城乡建设统计年鉴》，城乡建设部网站。

土地资源的浪费不仅存在于农村，在城市建设中也大量存在。从2000年到2016年，全国城市市区人口增长了90%，而城市建成区面积增长了142%，两者的变化不成比例。这导致城市建成区人口密度急剧下降。1990年，全国城市建成区人口密度为每平方公里1.49万人，2000年降到1.12万人，到2016年已经下降到8785人。特别是后一时期，各城市建了大量高层住宅，替代了中低层住宅，但人口密度不仅没有上升，反而比1990年下降了几乎一半（见图14）。

出现这种情况的原因，主要是各地城市政府过分热衷于推动房地产开发和大规模拆旧城建新城，搞大广场、宽马路、过度豪华的"花园型城市"，不顾客观条件是否具备，到处兴建开发区、产业园区。全国各城市仅列入国家级的开发区、产业园区就达数百个，还有更多数量属于省、市、县各级的开发区。这些开发区、产

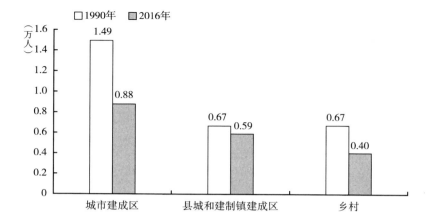

图14　城市、县城和建制镇、乡村人口密度的变化

资料来源：中华人民共和国住房和城乡建设部历年《中国城乡建设统计年鉴》，城乡建设部网站。

业园区圈占了大量土地，投入了大量资金进行开发，其中少数发展良好，创造了不错的经济效益，但多数招商效果有限，空置现象严重。据业内人士估算，全国所有城市的建设规划相加（不包括县、镇），可以容纳30多亿人口，是未来可能的城市人口峰值的3倍以上。这意味着巨大的土地资源和投资浪费。

因此，加快改革现行土地制度，形成全国城乡统一的建设用地市场，促进土地资源合理配置，纠正过多的政府配置资源，对未来发展将具有十分重要的意义。

8. 农村改革

我国在20世纪80年代的农村改革中，废除了原来的人民公社制度，通过实行农户家庭承包经营、提高农产品收购价格和开放农产品市场，使农业生产和农民收入有了很大的提高。后来城镇化进程加快，大量农村劳动者进城务工，又进一步减轻了农村人口对土地的压力，增加了务工者及其家庭的收入。农业的化肥、农药、机械、灌溉设施等投入也不断增加，使农作物的单位面积产量持续提高。过去一个时期还由于不断提高粮食保护价格和对农民实行种粮补贴，激发了农民的生产积极性。

但 2017 年农村居民人均可支配收入还只有 1.34 万元，与城镇居民人均收入差距仍然巨大。2017 年，两者相差 2.7 倍。中国农业总体上仍然人多地少，单产水平也已经相当高，靠农业持续增产来继续提高农民收入，潜力已经十分有限。2017 年全国耕地 20 亿亩，农村人口还有 5.77 亿人，人均仍不到 3.5 亩地；从事农业的劳动力 2.15 亿人，农业劳均也不过 9.3 亩地。如果从事粮食生产，扣除成本后劳均纯收入充其量四五千元。此外，由于过去不断提高粮食保护价格，国内粮价已经显著高于国际市场粮价，还造成了高库存、粮食过剩和浪费。靠继续提高保护价来提高农民收入的空间越来越小。因此未来农村经济要继续发展，主要有赖于以下改革和结构转型。[1]

第一，继续推进城镇化和农村转移人口市民化。2017 年，我国城镇化率达到 58.5%。但这与发达国家通常 80% 左右的城市化率差距还很大。设想未来 20 年城镇化率再提高 20 个百分点或以上，接近 80%，那么还将有超过 2.8 亿人从农村转移到城镇，届时农村人口将减少到 3 亿人左右，扣除正在增长的农村非农劳

---

1 本节数据均来自国家统计局网站。

动者，农业劳动力估计约 1 亿人。那时农业的劳均耕地面积就将达到 20 亩，更有利于土地向种田大户集中，农业实现适度规模化经营就有了更好的条件，农业生产效率和人均收入就能够显著提高。

与此同时，必须加快推进城市户籍制度改革，让已经转移到城市就业的农村迁移人口能够安家落户，实现市民化，纳入城镇社会保障和公共服务体系，解决他们的居住、医疗、子女教育、养老等问题，让城乡转移人口不再是漂泊人口。只有这样，城市化对经济的积极作用才能落到实处，避免社会不公平、不安定的局面。

第二，需要开放土地市场，促进土地流转。随着农村人口向城镇转移，一些农户的耕地、宅基地和农村集体建设用地都会越来越多出现闲置。只有在符合土地使用规划的条件下开放土地市场，促进土地流转，才能使宝贵的土地资源得到有效利用，为农民增加财产性收入，避免土地资源浪费，避免农村凋敝。开放土地市场，也能促进土地占补平衡，保证 18 亿亩耕地保护红线不被突破。城镇化使农村人口减少，但并不必然意味着农村衰败。只是随着人口变化，村庄需要在农民自愿的前提下进行重新整理，土地资源需要重新配置，有些地方还会繁荣起来，形成新的小城镇。但这些都要在土地能够流转的条件下才能实现。

第三，农业要向高质量、高附加值化转型。长期以来，农业承担的主要任务是让全国人民有饭吃，保证粮食增产是重中之重。但经过多年发展，目前城乡居民的食品数量需求已基本满足。例如 2016 年与 2013 年相比，全国人民人均粮食（原粮）消费量从 148.7 公斤降低到 132.8 公斤，降低了约 16 公斤；而肉、禽、蛋消费只增加了 3.4 公斤，后者折算为饲料需求，与粮食需求下降基本上正负相抵。[1] 因此对食品数量增长的需求正在转向对高质量食品的需求，包括对高营养、无公害、有机、功能性、多样化和品牌化食品的需求。因此农业生产也需要从数量型增长转向提高质量、提高附加值。这将是农民收入继续提高的主要途径。与此同时，农村还需要发展为农民服务和为农业生产服务的第三产业，为农民提供更高质量的生活，也为农村人口提供更多的就业机会。

第四，需要发展农民合作组织。农业要转型，目前的小农户个体经营在采用新技术、新品种，提高农产品质量和附加值，进行品牌化经营方面，能力比较薄弱，抗风险能力也较弱。需要在新技术推广、投入品采购、农产品销售、品牌经营、资金融通等方面进行合作，为农户提供广泛的服务。因此鼓励和帮助综合性的农民合作组织发展起来非常必要。发展合作组织不是重复过去的集体化，不是搞集体劳动、统一分配，而是农民在自愿原则基础上进行合作，增强实力，分享收益。哪个经营环节需要合作就在哪个环节合作，主要是在产前产后环节为农民提供组织化服务。

第五，推进乡村自治。目前农村居民除了生活水平仍低，还面临其他很多问题。例如，缺乏托儿所、幼儿园、养老院、照顾外出人员留守儿童等设施，缺乏维护村容卫生、治安消防、调解村民纠纷、保护乡村环境的组织。目前的村委会通常缺乏承担这

---

1 但居民在餐馆的消费可能没有统计在内。考虑到这部分消费的增长，以上粮食直接消费的下降可能要打一点折扣，而肉、禽、蛋消费的增长可能还有所增加。但因为近年来恩格尔系数在持续下降，粮食需求变化增减基本相抵的趋势应大体不变。

些任务的能力。在发展农民的合作组织的基础上，还可以进一步发展村民合作自治功能，来解决上述问题。目前村级选举虽然早已普及，但仍难以避免乡村腐败、贿选、恶势力把持村级行政等问题，这类问题在有些地方还变得更加突出。原因在于虽然有了选举程序，但缺乏相应的制度规范和机制来保证村民对村级集体组织的日常监督和制约，村民自治还是难以落实。农民合作组织的发展，有利于培育村民自治功能，加强村民对乡村事务的参与和监督。

9. 民富与国强

中共十九大报告提出了要在 2035 年基本实现社会主义现代化的目标。除了经济和科技实力跃升，还强调了充分保障人民平等参与、平等发展权利，实现人民生活宽裕，收入差距显著缩小，基本实现公共服务均等化，全体人民共同富裕。人民幸福是发展的根本目的。如果不能达到这个目的，发展就失去了意义，也不可能长期持续。

过去的某些时期，我国的经济发展在某些方面未能很好地实现这个目标。一个表现是总消费和居民消费占 GDP 的份额显著下降，投资占 GDP 的份额过度上升。这主要发生在 2000~2010 年间，消费率从过去历来的 63% 左右下降到 49% 以下，同期居民消费份额从约 47% 下降到约 36%，两者分别下降了约 15 个和 11 个百分点。此后居民消费率有小幅度回升，到 2017 年回升到约 39%，但仍比 2000 年低约 8 个百分点，与改革早期的八九十年代相比也相差 10 个百分点左右（见表 23 ）。

表 23　消费率和投资率的长期变化趋势

单位：%

年份	1980	1990	2000	2010	2017
消费率	64.8	62.9	63.3	48.5	53.6
居民消费率	51.1	49.5	46.7	35.6	39.1
储蓄率	35.2	37.1	36.7	51.5	46.4
投资率	35.5	34.4	34.3	47.9	44.4

资料来源：国家统计局支出法 GDP 核算数据，见历年《中国统计年鉴》。

同一时期（2000~2010 年），政府财政收入占 GDP 的比重发生了明显上升。2010 年比 2000 年上升了近 7 个百分点，2017 年比 2010 年又小幅上升了近 1 个百分点。如果计算全口径的政府收入（包括财政收入、政府性基金收入、社保基金收入、国有资本经营预算收入）占 GDP 的比重，上升幅度更大，2010 年比 2000 年上升了约 13 个百分点，2017 年比 2010 年又上升了近 3 个百分点。2017 年，全口径政府收入占 GDP 的比重已经接近 37%，全口径政府支出占 GDP 的比重已经达到 39%，两者都超过了 1980 年改革开始时的比重（见表 24）。

表 24　政府收支占 GDP 份额变化

单位：%

年份	1980	1990	2000	2010	2017
财政收入	25.3	15.6	13.4	20.1	20.9
财政支出	26.8	16.3	15.8	21.8	24.6
全口径政府收入	33.3	21.8	20.4	33.8	36.7
全口径政府支出	34.8	22.4	22.6	34.4	39.1

资料来源：国家统计局财政及 GDP 核算数据，见历年《中国统计年鉴》。

与政府收入上升相对应，上述时期居民收入占全国可支配收入总额的比重出现了下降。表 25 显示，2000~2010 年间，政府部门和金融部门占可支配收入总额的比重合计上升了近 7 个百分点，而居民（住户部门）可支配收入占的份额从 67.5% 下降到 60.4%，降低了约 7 个百分点。此后居民可支配收入份额到 2015 年小幅回升了约 1 个百分点，但非金融企业部门份额下降了约 1 个百分点，政府部门和金融部门所占份额没有回落。从这些数据可见，过去一个时期居民消费比重的下降主要可以由居民收入比重下降来解释。因为这一时期国民收入分配格局发生了政府收入和金融部门收入比重上升，而居民收入比重下降的变化。

表 25 可支配收入结构变化

单位：%

年份	2000	2010	2015
政府部门	14.5	18.4	18.6
金融部门	0.5	3.3	3.3
非金融企业部门	17.4	17.9	16.5
住户部门	67.5	60.4	61.5
合计	100	100	100

资料来源：国家统计局资金流量表数据，见历年《中国统计年鉴》。

居民消费下降的其余部分，可以由居民储蓄率的提高来解释。这期间地价、房价不断上涨，以及新城镇人口缺乏社会保障和公共服务是导致居民提高储蓄率的一个重要因素。有一种说法认为，政府提高收入和扩大支出是被动行为，原因在于居民储蓄率提高了，政府不得不扩大投资规模来补充有效需求、拉动经济增长。但这种说法是不正确的。上述时期，虽然居民储蓄率有提高，但总储蓄上升更快，这主要是政府部门和金融部门收入上升及其储蓄大幅度提高导致的。

从表 26 可见，2000~2010 年间总储蓄结构发生了明显的变化，其中政府部门和金融部门占总储蓄的份额合计上升了 18.5 个百分点，而非金融企业部门和住户部门合计下降了 18.5 个百分点。这是因为政府扩大投资的同时提高了政府储蓄率和投资率，而金融部门大量贷款带来了利息收入的大量增加，进而提高了金融部门储蓄率。因此很明显，政府扩大投资规模是导致居民消费率下降的原因，而不是居民消费率下降导致的结果。2015 年与 2010 年相比，政府与金融部门合计占总储蓄的份额上升 0.3 个百分点，非金融企业部门份额上升 0.4 个百分点，而住户部门份额则进一步下降了 0.7 个百分点。

表26　总储蓄结构变化

单位：%

年份	2000	2010	2015
政府部门	−3.6	10.0	9.6
金融部门	1.4	6.3	7.0
非金融企业部门	46.3	34.6	35.0
住户部门	55.9	49.1	48.4
合计	100	100	100

资料来源：国家统计局财政及 GDP 核算数据，见历年《中国统计年鉴》。

　　从以上数据可以看到，过去一个时期消费率大幅度下降和资本形成率大幅度上升的基本原因是政府（和国有企业）投资过度扩张，以及地价、房价的大幅度上涨，金融部门收入增加等因素导致的结果。过度投资和房价上涨等现象持续积累，也导致过去一个时期越来越严重的产能过剩、房产空置、债务杠杆率过高、投资效率不断下降等一系列结构失衡现象。这些现象说明，国家强大必须以人民富裕和幸福为前提，如果政府收入和投资扩张过度，势必挤压老百姓的收入和消费，结果就会适得其反。

　　民富才能国强，这是改革 40 年来被无数事实证明的基本经验。近年来政府投资的势头有所趋缓，但与过去长期以来的情况相比，政府部门（以及金融部门）的收入比重、储蓄率和投资率仍然偏高，非金融企业部门和住户部门收入比重仍然偏低。这些问题需要靠继续推进政府改革、财税体制和金融体制改革、土地制度改革等来解决。

10. 推进教育体制改革

我国在改革时期，教育事业取得了很大进展，按 15~64 岁经济活动人口的人均教育水平计算，1977 年只有 3.8 年，2015 年达到了 8.2 年。[1]全国适龄儿童和青少年普及了九年义务教育。但教育体制的改革也曾经历过不少曲折，而且目前仍然面临艰巨的改革任务。

在经济体制改革的过程中，20 世纪 80 年代中期也推进了教育体制改革。1986 年公布《中华人民共和国义务教育法》，以立法形式确立了九年义务教育体制，是一项重大进步。同时扩大了学校的自主权，其中一项主要内容是鼓励公办学校通过多渠道筹集经费，以弥补教育经费的不足。学校的具体落实途径，首先是发展校办企业，国家给予企业免所得税的待遇。校办企业如火如荼在全国范围内大发展，对补充教育经费确实起到了一定作用，提高了教师待遇，稳定了教师队伍，改善了办学条件。当时教育系统仍然面临大量历史欠账，例如，很多学校校舍简陋破旧，危房很多，师资不足，教师工资过低等问题亟待解决。考虑到这些情况，对在当时的历史条件下实行多渠道筹资办学不应简单否定。但鼓励学校"创收"一方面

1　笔者据全国 1952 年以来历年各类学历教育和非学历教育的数据（国家统计局历年《中国统计年鉴》）计算得到。

解了学校经费不足的燃眉之急，另一方面也把营利行为引进了义务
教育，后来"创收"的形式日益花样翻新，对教育的发展造成伤害。

　　教育状况在 80 年代的改善也与政府对教育的重视有关。当
时政府在改革中大规模向企业放权让利，财政收入占 GDP 的比
重随之不断下降。从 1977 年到 1990 年，该比例从 27.3% 下降到
15.6%。但这一时期预算内教育支出占财政支出的比重却逆势大幅
度上升，从 1977 年的 7.1% 上升到 15.0%。结果使预算内教育支出
占 GDP 之比不仅没有下降，反而从 1.9% 上升到 2.5%（见表 27）。

表 27　不同时期财政预算内教育支出占财政支出和 GDP 的份额

单位：%

年份	1977	1985	1990	1995	2000	2005	2010	2017
预算内教育支出 /GDP	1.9	2.5	2.5	2.0	2.2	2.1	3.0	3.6
预算内教育支出 / 财政支出	7.1	11.3	15.0	17.5	13.7	11.7	14.0	14.8
财政收入 /GDP	27.3	22.1	15.6	10.2	13.7	16.9	20.1	20.9

　　资料来源：国家统计局历年《中国统计年鉴》。

　　90 年代，随着财政收入在 GDP 中占比继续下降，预算内教育
支出到 1995 年回落到 GDP 的 2.0%。此后虽然财政收入占比回升，
预算内教育支出占财政支出的份额却持续回落，占 GDP 之比持续
在 1.9% 到 2.2% 之间徘徊，使得教育在 90 年代中后期处境相对艰
难。这种情况在一定程度上延续到 2000 年代中期。其后预算内教
育支出占 GDP 之比再度上升，2012 年之后达到 3.5% 以上。图 16
反映了过去 40 年改革期间预算内教育支出占财政支出和 GDP 比
重的变化。图中也包括了财政收入占 GDP 之比的变化曲线作为参
考。为使预算内教育支出占 GDP 之比的变化趋势能看得更清楚，

图 17 放大了这一曲线。

在上世纪 90 年代，随着企业竞争日益激化，校办企业面临的

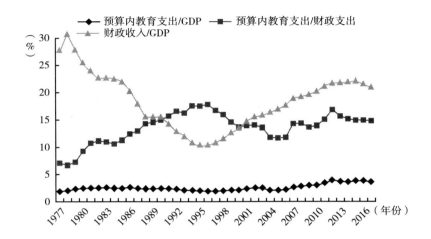

图 16　预算内教育支出占财政支出和 GDP 比重的变化趋势
资料来源：国家统计局历年《中国统计年鉴》。

图 17　预算内教育支出占 GDP 比重的变化
资料来源：国家统计局历年《中国统计年鉴》。

问题也越来越多，因此学校创收逐渐转向出租校舍，优质学校还大量接受"赞助生"，收取择校费，也出现了其他改变义务教育原则的情况，如提高收费标准、开办各种收费"补习班"等，助长了教育"向钱看"的倾向，加重了学生家庭的负担，引发广泛的不满。

教育关系到社会进步和人类的未来。一个现代国家，必须保证所有人都得到起码的教育服务。公办学校承担九年义务教育的责任，义务教育必须是公共产品，必须坚持免费原则、公平原则、使人人都有受教育机会的原则。

从 90 年代开始，还出现了"撤点并校"的情况。在 2000 年后还成为全国农村中小学"教育改革"的重要内容，使学校大规模合并，学校数量不断减少，这一趋势延续至今。实行这一政策的一个原因是随着人口出生率下降，中小学学生数量减少；同时农村人口向城镇转移，使乡村学校生源进一步减少。但这并不是主要原因。从表 28 可以看到，1990~2017 年，全国普通小学在校学生从约 1.22 亿人减少到约 1.01 亿人，只减少了 17%，而普通小学数量从约 77 万所锐减到约 17 万所，减少了 78%。同期，初中在校学生数从 3917 万人上升到 4442 万人，增长了 13%，而初中学校数从 7.3 万所减少到 5.2 万所，减少了约 29%。

表 28　全国普通小学、初中学校数和在校学生数变化

年份	1990	2000	2010	2017
学校数（万所）				
普通小学	76.6	55.4	25.7	16.7
初中	7.3	6.4	5.5	5.2
在校学生数（万人）				
普通小学	12241	13013	9941	10094
初中	3917	6256	5279	4442

资料来源：国家统计局历年《中国统计年鉴》。

出现这场大规模撤点并校运动，关键原因是现行体制下区县级政府承担义务教育主要责任，而很多区县财政收入有限，无力承担过多的教育经费支出，撤点并校有集中教育资源、节约经费支出、提高教育质量的作用，因此对这些地方政府而言可能是必然的选择。但同时也造成了很大的负面影响。

其一，设在村级的学校绝大部分被撤除，农村中小学生基本上集中到乡镇、县城或城市上学。2016年，全国在校小学生9913万人，在城市和镇区就读的7021万人，在乡村就读的只有2892万人，后者只占在校学生数的29%（而同年乡村人口还占全国人口的43%），乡村学校的学生数比例显著过低，而且在乡村就读的学生里，绝大多数是离开本村到乡政府所在地就读。上学距离太远给很多农村孩子带来极大的不便。笔者在有些欠发达农村地区的调查发现，撤点并校后有些家住山区、交通不便的孩子每天要天不亮起床，走二三十里山路去上学，上学对他们变成非常艰难的事。政策调整没有充分为这些孩子着想，是非常严重的失误。

其二，增加了学生家庭的负担。有些孩子可以乘公交车上学，学校提供住宿解决了一部分孩子的交通问题，但增加了他们家庭的交通费、住宿费负担。学生在学校就餐，与在家吃饭相比也增加了餐费支出。2016年，我国农村20%低收入家庭的人均年收入只有3006元。学生交通、吃、住等费用对这些家庭来说是很大的一笔负担。

其三，有些地方政府做得较好，为学生提供了住宿和交通补贴。但学生家庭通常还要承担一部分费用。另外大量学生集中到少数学校，有些地方受到校舍条件限制，人满为患，学生住宿情况很差，教育质量受到影响。

2000 年以后，教育部要求全国各地建设一批"现代化学校"，使大规模撤点并校的风潮席卷到城市。为换取经费建设少数豪华的"现代化学校"，很多城市撤销、合并了大批中小学，将腾出的校址有偿出让给房地产商进行开发。但这也使整个教育付出了重大代价。

留下来的学校特别是重点学校人满为患，班级越搞越多、越搞越大。教育部规定中小学一个班以 40~45 人为宜，而现在全国重点中小学每班超过 50 人已是普遍现象，六七十人一班屡见不鲜，河北还有学校竟出现了百人大班，严重影响教育质量和学生健康，并带来安全隐患。教育部《中小学基本办学条件标准》要求小学每年级不超过六个班，而并校的结果，每年级十几个班的情况比比皆是，直接违反了办学条件要求。北京市某重点小学，为接纳并校的学生和满足家长择校需要，已扩张到每年级 18 个班，该学校的主校园规模应容纳 36 个班，竟然涌进 70 多个班，专业教室全部被占用。学生上下楼拥挤不堪，建筑承受力堪忧。现在很多城市的小学，课间休息不允许学生离开座位，以避免出现踩踏事故。这对学生的身心健康有严重损害。

上述"建设现代化学校"的政策导向，把有限资源用于少数学校"锦上添花"，却妨碍了给大多数孩子雪中送炭。公办学校首先应尽可能公平地满足所有孩子接受义务教育的需要，而不应把公共教育资源集中到少数学校，搞脱离普遍条件的豪华"样板"。对这种违背教育公平的错误办学理念，必须进行纠正。

近些年来，我国政府教育支出上升较快，也对义务教育阶段各种乱收费现象进行了纠正，花钱择校的现象大大收敛，这是不小的进步。但上述不正常现象仍然普遍存在，同时还有更多涉及教育体制和政策的问题，必须通过改革来解决。

第一，行政化的教育管理方式和理念不适应现代社会发展需要。政府教育部门缺乏思想创新，习惯于用管理下级政府机构的方式来管学校，不深入研究学校和社会的实际需要，满足于坐在办公室里下文件、做规定，以一刀切的行政命令向学校贯彻。前面说的"建设现代化学校"的行政命令带来的严重问题是教育行政化的突出例子。此外，全国各地教材和教学方式千篇一律，学校千校一面，教学强调死记硬背，很少鼓励学生独立思考、拓展兴趣爱好，不注重培育学生创新思维和独立解决问题的能力，也不允许学校自主选择、多样化发展。很多学生出国留学时，考试是高分学生，一到攻读更高学位的阶段，需要进行独立研究时，就一筹莫展，处于劣势。不鼓励创新思维的教育严重影响了我国的创新发展。

教育行政化另一个突出的例子是导致近年来我国中等职业教育发展不良，国家提出的普通高中、中等职业学校学生各占一半的目标正在落空。2010 年全国有中等职校 1.39 万所，在校学生 2237万人，与普通高中在校学生之比为 48：52，接近了一半。但此后中职教育持续萎缩，2017 年只剩下 1.07 万所学校，在校学生下降到 1577 万人，与普通高中的比例降到 40：60。一个主要原因是教育部规定中等职校只能由教育部门来办，停办和"收编"了很多企事业单位办的中等职校，垄断了中等职业教育。而教育部门缺乏各专业技术领域的人力资源，教师知识结构严重老化，导致所教专业和社会需求严重脱节，同时在管理、教材等方面过时的条条框框过多，影响了中等职业教育的质量和吸引力。

例如，不少工科职校一直在开设车、钳、铣、刨等需求急剧下降的普通机械加工课程，而工业自动化、人工智能、信息和大数据等领域的人力资源严重短缺，现有的职校却没有能力培养。垄断意味着停滞和死亡。如果允许从事专业技术研发和应用的企业或事业单位以多样化的、灵活的方式来办中职教育，那么中职教育的发展必然快得多、好得多，我国产业竞争力和研发创新能力都能更快提高。

在普通教育中，也应杜绝不适当的行政干预，充分发挥专家管理学校的作用，鼓励学校因地制宜、自主创新和多样化发展。

第二，行政化的教育管理也导致了腐败和不公平。近些年，使重点学校拥挤不堪的另一个原因是愈演愈烈的择校风潮。过去一个时期，政府规范了学校收费行为，学校收取择校费的情况被基本制止。但在"赞助生"减少的同时，"条子生"却越来越多，使优质学校人满为患。

所谓"条子生"，是指凭党政官员写的纸条进入好学校上学的学生，通常是官员及其亲朋好友和与官员有利益交换关系者的子女。有的地方官员甚至指示学校，对上级机关送来的"条子"要照单全收，不许问学生来源。一些党政机关还利用权力给学校提供好处，换取官员子女入学的优先权。与富裕家庭花钱把子女送进好学校相比，靠权势或以公共资源为筹码霸占优质教育资源是更严重的不公平，是另一种形式的腐败。党政领导"走后门"、牟私利，将腐败之风传染到学校，败坏了校风，影响了一代人。当前教育领域迫切需要推进去行政化的改革，杜绝以权谋私，杜绝权力对学校的不当干预。

第三，教育资源分配严重不均等，使用效率过低。前面所说的撤点并校带来的问题，很大程度上起因于区县级政府财力不足，但另一方面很多省市政府的教育资金充裕，只是没有用到最需要的地方。要解决这个问题，实现教育公平和健康发展，关键要规范财政转移支付方式，同时规范地方政府的最低教育支出标准，并落实各级政府责任。

目前中央对地方的财政转移支付数量很大，但突出问题仍然是专项转移支付过多，2016年仍超过2万亿元。这些专项转移支付通常分别由各部委各自支配，没有明确的支付标准，随意性很大，既鼓励了地方政府"跑部钱进"和乱花钱，又鼓励了部门寻租腐败行为。例如有部门给指定的学校拨付大额专款，同时要求学校接收其官员子女入学。此类专项转移往往成为导致腐败和公共服务不均等的温床。

上述情况说明，财政专项转移支付还需要大幅度减少，增加一般性转移支付，用于保证义务教育和其他基本公共服务。但目前一般性转移支付制度也不健全，主要是缺乏具体明确的使用标准，因此得到转移支付的地方政府未必能保证把钱用在该用的公共服务等方面。

针对上述情况，有必要设立全国义务教育最低标准，作为刚性考核指标落实到区县、学校。至少应包括义务教育普及率、生均教育经费最低标准、生均教室面积最低标准、师生比最低标准、学校班数和班额限制等。以上除义务教育普及率按行政辖区考核外，其他标准均应同时按辖区和学校考核。达不到标准必须追责并立即纠正。根据各地经济和人口状况，区县财政没有能力达到各项最低标准要求的，上级政府有责任通过财政转移支付予以保证。地方政府财力充足的，可以设立高于国家标准的地方标准。

中小学校，无论公办或民办学校都必须严格遵守国家法律法规，例如建筑、消防规范，食品卫生法，采购法，学校安全管理规定等。行政执法部门必须严格执法，违法必究。

上述改革的基本原则也适用于其他领域的公共服务体系改革，例如，公共医疗卫生领域也应设立公共医疗卫生服务的全国最低标准并落实责任。

这一改革需要财政体制改革与之配套。根据各地公共服务最低标准的需要和各地财政的具体情况，设定中央和上级地方政府对下级政府的一般性转移支付标准。公共服务有了明确标准，一般性财政转移支付就有了明确的依据。主要应根据各地公共服务对象基本情况（例如，教育要根据各地义务教育适龄人口数；医疗要根据各地人口数，参考老龄人口数、是否有高发性地方病等情况）和各地人均财政收入水平等情况，确定转移支付标准。公共服务标准的制定和一般性财政转移支付标准的制定，需要通过反复调整实现互相衔接。公共服务标准和财政转移支付标准一旦付诸实施，各级政府就要依法对本辖区公共服务完成情况承担责任，上级政府要依法对按标准向下级政府进行转移支付承担责任。

实现专项转移支付向一般性转移支付转变，同时一般性财政转移支付有了具体标准，就基本消除了转移支付苦乐不均和公共服务不均的问题，能够最大限度地完成公共服务均等化和缩小地区差距的任务。

现行教育体制存在的第四个问题是，没有处理好公办教育和民办教育的关系。在发展公办教育的同时，应当鼓励而不是阻碍民办教育发展。民办教育与公办教育有很强的互补性。公办教育承担普及义务教育的职责，首先要保证教育的公平性，民办教育则可以更加多样化，既可以作为慈善事业，弥补公办教育在公平方面做得不够的地方，又可以具有营利性，满足社会多样化的需求。民办教育的存在，还可以通过竞争和优秀案例的示范作用，促进公办教育提高效率和创新发展。

近些年来，在这方面出现了一些不应当发生的事情。例如有些城市的教育部门没有为农民工子女上学提供合适的条件，却对为农民工子女提供教育服务的民办学校设置种种障碍，求全责备，直至强迫关闭，结果导致农民工子女失学。这种官僚衙门式的思维方式，把教育这个公共服务领域看作本部门的垄断性领地，看作一种特权，而不是责任和义务，自己做不好也不许别人进入。

2016 年修订的《民办教育促进法》也引起了很大争议。该法规定："不得设立实施义务教育的营利性民办学校。"教育部有关人士解释说，义务教育的属性决定了其不适合由营利性的民办学校来实施，否则就有可能影响义务教育政府责任的落实……甚至会加重人民群众的负担。这里有些概念需要澄清。其一，营利性民办学校能有生源，可能是教育质量超过了公办学校，或在义务教育范围以外提供了更多服务，满足了多样化的社会需求。这样的学校对义务教育具有互补性，不会"影响义务教育政府责任的落实"，不应禁止。其二，如果学校以教育为名敛财但未完成义务教育任务，法律应该管的是其不履行义务教育责任的问题，而不是盈利与否的问题。法律可以规定这类学校盈利的合理范围，禁止虚假宣传、牟取暴利，违者取缔。而简单禁止进入，恐怕不利于教育发展。

第五，公民接受教育的平等权利常常被忽视。特别值得一提的是，大城市对农民工子女的教育歧视。以北京市为例，2016 年全市中小学非本地户籍学生已经占到 51%，但是农民工子女在城里学校就读非常困难，而且经常受到教师和同学歧视，很多家长宁愿交学费送他们到民办的农民工子弟学校读书。更严重的是，按该市规定，普通高中和职业高中都不能接受非本地户籍学生，因此农民工子女读完初中后必须回原籍。这些孩子多数长期居住在城市，有些出生在城市，强迫他们回到陌生的农村"原籍"读高中，很难做到，甚至不得不中断学业。这种歧视性规定与公办教育提供公平的教育服务的宗旨格格不入。

综上所述，教育体制改革势在必行。一是坚持教育公平，推进公共服务均等化，消除各种违背公平原则的优惠和歧视；二是教育去行政化、去垄断，使教育更加开放，鼓励竞争和多样化发展，鼓励企业办学、民间办学；三是制定各级政府在公共服务方面的事权标准和财政支出责任，改革财政转移支付体系，为实现公共教育均等化服务提供条件。

公共服务部门不公平和倾斜式服务的倾向，过度行政化、官僚衙门化的倾向，不仅存在于教育领域，也存在于医疗卫生、科研等其他公共服务部门。本书不能对这些领域的问题展开论述，但去行政化不仅应当是教育改革的重要内容，也应该是其他公共服务部门改革的重要内容。

11. 关于政治体制改革

经济体制改革和政治体制改革是改革的两项基本任务。1978 年党的十一届三中全会首次提出改革经济管理体制。1982 年的中共十二大首次提出改革政治体制的任务。1987 年的中共十三大提出，改革的长远目标是建立高度民主、法制完备的社会主义政治体制；改革的近期目标包括实行党政分开、政企分开，解决政府机构庞大臃肿、权力过分集中问题，改革干部人事制度，建立社会协商对话机制等。此后党的历届代表大会都继续把政治体制改革列为重要任务。2013 年的十八届三中全会和 2017 年的中共十九大都提出，深化和积极稳妥推进政治体制改革，推进社会主义民主政治制度化、规范化、法治化、程序化，保证人民依法通过各种途径和形式管理国家事务，管理经济文化事业，管理社会事务。

为保证改革顺利推进，防止发生经济动荡、行政管理失控的局面，中国过去的改革采取了渐进方式和经济改革先行的策略。事实证明这一方式和策略是有效的。与俄罗斯和一些东欧国家推行的"休克疗法"式改革相比，中国改革避免了社会动荡和经济滑坡，基本成功地实现了从计划经济体制向市场经济体制的平稳转轨，并在 40 年间保持了年均 9.6% 的高速增长。但自上世纪 80 年代推行的有限目标政治体制改革所发挥的重要作用仍然不容忽视。在当时，如果不解决党政不分、政企不分、政府机构庞大臃肿、权力过分集中的问题，不改变"文革"留下的言路闭塞、人人自危、动辄得咎的局面，就根本不可能出现社会各界群策群力，积极支持、参与和推动改革的局面，不可能顺利推进以市场化转轨为核心的经济体制改革。

但是，经济体制改革尚未完成，政治体制改革仍然任重道远。我国的行政管理体制仍然存在权力过于集中、缺乏民主监督、行政机关规模膨胀、大量消费公共资源等问题，依法治国仍然面临不少党政机关和官员不懂法、不守法，随意决策等问题。以政府规模为例，改革期间，虽然推进了简政放权，进行了多次精简机构人员等行政管理体制改革，但效果难以持久，政府规模随后又继续膨胀。政府支配的公共资源和政府投资占 GDP 之比只在上世纪 80 年代有所下降，此后一直呈上升趋势。1978 年，公共管理部门从业人员467 万人，占全国人口的比重为 0.49%，2017 年已经达到 1725 万人，占全国人口的比重为 1.24%。如果加上行政性事业单位的财政供养人员和政府聘用的编外人员，实际数量还远大于此。2013 年，李克强总理指出，本届政府内，财政供养人员只减不增。遗憾的是，看来各级政府并未认真执行这一承诺。2017 年与 2013 年相比，公共管理部门从业人员数比 2013 年增长了 158 万人，增长 10%。[1]

目前全国从中央到省、市、区县、街道和乡镇，每级权力机关都有党委、政府、人大、政协、司法机关等至少五套机构，每套机构仅领导班子成员通常是一名正职、七到九名副职，每位领导干部都配备有相应的专职工作人员为之服务。每套机构下面都有数量众多的部、局、委、办，每个部、局、委、办同样配备有为数众多的领导干部。因此如果与发达国家通常情况相比，每一级权力机关的工作人员都有数倍之多。机构膨胀，人浮于事，降低了行政效率，增加了扯皮推诿，增加了不必要的经费支出，加重了社会负担。

1978 年，全国的政府行政管理费支出为 53 亿元，占财政支出的 4.7%，占 GDP 的 1.4%，2016 年为 39053 亿元，占财政支出的20.8%，占 GDP 的 5.3%，两个比例都扩张到原来的 4 倍左右。这一膨胀趋势突出发生在过去 20 年。1998 年，行政管理费还仅占

---

1 数据见国家统计局历年《中国统计年鉴》。

GDP 的 1.9%，到 2016 年就扩张到近 3 倍。除此之外，政府和国有企业（国有控股企业）的固定资产投资占 GDP 的份额也在不断扩大，1978 年全国为 746 亿元，占 GDP 的 16.3%，2000 年估算为 1.85 万亿元，占 GDP 的 18.5%，比例有轻微扩大；但此后扩展迅速，到 2017 年上升到 23.36 万亿元，占到 GDP 的 28.2%（见表 29）。[1]

表 29　公共管理部门从业人员占总人口及政府行政管理支出占 GDP 的比重

年份	1978	1990	2000	2010	2017
公共管理部门从业人员（万人）	467	1079	1104	1429	1726
占总人口比重（%）	0.5	0.9	0.9	1.1	1.2
财政支出中行政管理支出（亿元）	53	415	2768	22556	39053[*]
占财政支出比重（%）	4.7	13.4	17.4	25.1	20.8[*]
占 GDP 比重（%）	1.4	2.2	2.8	5.5	5.3[*]
政府和国有企业固定资产投资（亿元）	746	2986	18535	102192	233586
占 GDP（%）	16.3	15.8	18.5	24.7	28.2

资料来源：据国家统计局历年《中国统计年鉴》和财政部公共预算支出决算表（一般公共预算支出决算表）数据计算得到。注 * 号者为 2016 年数据。

　　以上情况反映了政府规模膨胀和对资源配置的支配程度增加的趋势。政府行政管理费支出主要来自税收，政府固定资产投资支出

1　公共管理部门从业人数在 2003 年前来自"国家机关、政党机关和社会团体"就业数，2003~2004 年来自"公共管理和社会组织"就业数据，2005 年改称"公共管理、社会保障和社会组织"就业数，但口径没有大的变化。其中应包括非官方的社会团体就业，但对数据影响不大。行政管理支出在 2006 年以后国家统计局未公布汇总数据，此后数据系据财政部公共财政支出决算表（后改称"一般公共预算支出决算表"）数据计算。政府和国有企业固定资产投资数据 1990 年及以前来自"国有固定资产投资"，此后为"国有控股固定资产投资"（包括政府投资和国有控股企业投资），2000 年该数据为推算数。

以借贷为主但偿还率相对较低（有相当部分是借新债还旧债），这两者占 GDP 比例的扩大导致了企业负担和居民负担加重，也反映了公共资源的使用效率下降、浪费增加，挤压了市场配置资源的空间。在政府膨胀的同时，部门利益固化，部门之间缺乏配合和沟通，信息资源不能共享，政出多门和政策互相冲突的情况时有发生，甚至常常出现部门利益凌驾于社会大众利益之上的情况。同时，权力过度集中、缺乏社会监督的情况也变得更加突出。由于权力过于集中，常常领导者一个人说了算，缺乏民主程序，往往导致错误决策得不到纠正，也给腐败留下了巨大的空间。这些情况说明长期以来经济体制改革和政治体制改革"一条腿长、一条腿短"的不协调状况，已经越来越严重地影响着经济发展和社会和谐。改革需要加速。

政治体制改革，从根本上要解决的问题，是实现民主和法治。十九大报告指出，"要加强对权力运行的制约和监督，让人民监督权力，让权力在阳光下运行，把权力关进制度的笼子"。[1] 目前更需要通过具体的改革措施来落实这些原则。

12. 继续改革是发展的火车头

回顾中国改革 40 年来的不平凡经历，我们可以清楚地看到，坚持市场化的经济改革基本方向、坚持以惠及人民大众为改革和发展目标，是过去改革取得成功的基本经验。当前发展中遇到的结构失衡等困难，也与过去某些改革迟滞、遇阻或偏离上述方向和目

1 《习近平在中国共产党第十九次全国代表大会上的报告》，人民网。

标有关。当前，改革与发展都处在一个重要关头，能否继续推进改革，是未来能否继续保持良好发展势头的关键。

中国经济增长仍然有巨大潜力。其一，目前我国城镇化率还不到 60%，未来城镇化发展仍然有巨大空间，能够继续发挥火车头的作用，为经济增长提供动力。但前面提到的相关体制和政策需要调整，特别是要解决城镇化中"见物不见人"的倾向，转到"以人为中心"的轨道上来，并推进土地制度改革。其二，民营经济蕴藏着巨大的发展动力。改革 40 年的经验证明，民营经济部门的增长始终引领着整体经济的增长，不仅增长更快，而且投入产出比更低（即以更低的投入带来同样的产出），在经济不景气时减速更慢，恢复时复苏更快。只要有公平竞争的条件，民营经济的未来发展潜力就仍然巨大。因此改善市场环境，促进公平竞争，政策一视同仁，减少行政干预极其重要。其三，科技进步和创新能够为未来增长提供强大动力。近些年来，在一些领域里，市场导向的科技进步已经出现了加快的苗头。而要让这些潜力得到释放，除了需要创造公平竞争的市场环境，还需要一个良好的法治环境，使知识产权得到充分保护，使创新得到尊重、收到回报；同时需要改革科研体制和教育体制，去行政化，增强市场激励，鼓励多元化发展。

分析显示，未来中国经济增长仍然面临很大的不确定性。如果能够切实推进上述各方面的改革，经济增长有希望在经过一个阶段的调整后恢复强劲的动力，中国有能力在 2030 年之前加入高收入国家的行列。但改革停滞和倒退也会给经济发展带来巨大的阻力和危害，落入中等收入陷阱的危险仍然存在。因此选择继续改革之路，是未来发展的关键。

过去的改革给我们提供了一条重要的经验：改革是人民大众的利益所在，不能只靠少数人关起门来搞设计和实施，只有以人民大众的利益为导向，并广泛依靠社会各阶层的积极参与、发挥他们的创造力和协作精神，改革才能保持正确的方向并取得实质性进展。

后　记

　　40 年的经历，就像乘坐高速列车，飞驰而过，但车窗外许多一闪而过的场景，却历历在目。40 年，在漫长的中国历史上不过像万里长江中的一簇浪花，但多方面的改革给中国社会带来的深刻变化，可能继续影响今后几代人。

　　这 40 年改革做了些什么，遇到了哪些阻力，做对或做错了什么，缺欠了什么？其间有太多值得记录和纪念的人和事，太多值得总结的经验和值得汲取的教训，还有大量有价值但很少为人所知的情况有待继续发掘，或留待后人研究。笔者将自己在这 40 年间的亲身经历、亲眼所见，以及多年从事改革和发展研究形成的许多看法和思考记录下来，奉献给这 40 年的改革和在改革中做出贡献的人们，也希望给当代人和后人多留下一点可供参考的资料。这是本书写作的初衷。

本书的写作力求客观公正，对事实力图不回避、不虚夸，所提出的观点均以事实为依据并尽可能以客观的数据分析为基础。但书中的内容只是笔者的一孔之见，仍然可能包括了一些不成熟、不全面或不正确的看法或想法，笔者以秉笔直书的态度和盘托出，留待读者批评。

我的妻子和两个女儿为本书的写作做了资料收集、文字整理方面的工作，提供了有价值的参考意见。在此向她们表示感谢。有不少朋友和学界同仁提供了有价值的资料，或在讨论中提出了宝贵的意见，给了我启发，这些都对本书的形成很有帮助。但本书涉及的观点只能由笔者个人负责，未必代表他们的观点。为避免误解，这里恕不一一列举他们的姓名，谨在此向他们致谢。

图书在版编目(CIP)数据

改革之路：我们的四十年 / 王小鲁著. -- 北京：
社会科学文献出版社，2019.3（2022.7 重印）
ISBN 978-7-5201-3855-0

Ⅰ.①改⋯　Ⅱ.①王⋯　Ⅲ.①改革开放-研究-中国
Ⅳ.① D61

中国版本图书馆CIP数据核字（2018）第257135号

改革之路
——我们的四十年

著　　者 / 王小鲁

出 版 人 / 王利民
责任编辑 / 恽　薇
文稿编辑 / 王红平
责任印制 / 王京美

出　　版 / 社会科学文献出版社·经济与管理分社（010）59367226
　　　　　　地址：北京市北三环中路甲29号院华龙大厦　邮编：100029
　　　　　　网址：www.ssap.com.cn
发　　行 / 社会科学文献出版社（010）59367028
印　　装 / 三河市东方印刷有限公司

规　　格 / 开　本：787mm×1092mm 1/16
　　　　　　印　张：14.25　字　数：163千字
版　　次 / 2019年3月第1版　2022年7月第10次印刷
书　　号 / ISBN 978-7-5201-3855-0
定　　价 / 69.00元

读者服务电话：4008918866